四川大学经济学院高水平学术著作（教材）
SICHUAN DAXUE JINGJI XUEYUAN GAOSHUIPING XUESHU ZHUZUO（JIAOCAI）

老龄化与金融稳定
基本框架及在中国的实证

LAOLINGHUA YU JINRONG WENDING
JIBEN KUANGJIA JI ZAI ZHONGGUO DE SHIZHENG

邹瑾 著

四川大学出版社

责任编辑：唐　飞
责任校对：杨　果
封面设计：璞信文化
责任印制：王　炜

图书在版编目(CIP)数据

老龄化与金融稳定：基本框架及在中国的实证 / 邹
瑾著. —成都：四川大学出版社，2017.11
ISBN 978-7-5690-1346-7

Ⅰ.①老…　Ⅱ.①邹…　Ⅲ.①人口老龄化-关系-金
融业-经济发展-研究-中国　Ⅳ.①F832

中国版本图书馆 CIP 数据核字（2017）第 291052 号

书名	老龄化与金融稳定:基本框架及在中国的实证	

著　者	邹　瑾	
出　版	四川大学出版社	
地　址	成都市一环路南一段24号（610065）	
发　行	四川大学出版社	
书　号	ISBN 978-7-5690-1346-7	
印　刷	郫县犀浦印刷厂	
成品尺寸	170 mm×240 mm	
印　张	11.25	
字　数	214千字	
版　次	2017年12月第1版	
印　次	2017年12月第1次印刷	
定　价	58.00元	

◆读者邮购本书,请与本社发行科联系。
　电话:(028)85408408/(028)85401670/
　(028)85408023　邮政编码:610065
◆本社图书如有印装质量问题,请
　寄回出版社调换。
◆网址:http://www.scupress.net

前　　言

近年来，人口老龄化问题已经成为我国经济社会发展面临的重大挑战。党的十八大报告强调指出要积极应对人口老龄化，大力发展老龄服务事业和产业。人口老龄化不但是重大社会问题，其对经济的影响也是宏观的和多方位的。为应对老龄化可能导致的经济冲击与社会动荡，长期以来，我国理论界与实务界展开了广泛的讨论，也实施了各种措施。但从我国采取的措施与研究成果看，关注更多的是养老体制改革模式，以及人口老龄化与养老体制改革的后果等人们最能直接感受到的老龄化效应。与此同时，人口老龄化对金融资产和金融市场，特别是对金融系统稳定的潜在冲击和持续影响等方面则是国内现有研究较为忽略的领域。

实际上，老龄化环境使得各国的宏观经济金融环境发生了深刻变化，老龄化正通过对资产价格、通货膨胀的影响，给货币政策的有效实施、金融稳定和宏观经济的持续发展带来诸多困境与挑战。一方面，资产价格作为重要的经济变量，是联系老龄化背景和经济持续发展的枢纽。房地产资产与金融资产在居民财富中占据突出地位，其价格波动不仅影响居民消费与企业投资决策，更与金融脆弱性内在联系。如果老龄化可能导致资产价格的极速变化，势必危及宏观经济与金融体系的平稳运行。另一方面，由于不同年龄层存在消费储蓄决策的差异，老龄化会影响通货膨胀和失业率，进而导致经济增长和当前经济体系的运行机制发生变化，使货币政策等宏观调控政策的最终目标与有效性发生变异。

有鉴于此，积极应对老龄化、防范老龄化对我国经济持续健康发展可能造成的负面影响应成为必须认真面对的重要课题，特别是要在老龄化对金融稳定的影响及其政策效应方面深入分析。一方面，只有弄清楚人口老龄化如何影响金融稳定，方能对由此产生的负面影响予以前瞻性应对，保持经济金融的平稳运行。另一方面，面对人口年龄结构变迁对金融系统所导致的冲击和挑战，决策层需要在宏观经济政策层面考量如何在一个中长期内加以适应和调整。

1

本书正是基于上述现实焦点问题来研究人口老龄化对金融系统稳定的影响，希冀在对人口老龄化影响金融稳定的内在作用机理进行梳理的基础上来进行实证研究，预期达到如下目标：一是梳理人口老龄化对金融稳定影响的可能路径，将人口老龄化对金融稳定的影响分为三大类问题：一是人口年龄结构对资产市场、对通货膨胀率，以及对货币政策效力的影响。在整体框架下考察人口老龄化对金融稳定的影响。二是实证分析人口老龄化对金融稳定的影响程度，把握在中国国情下老龄化对资产价格的影响规律。三是提出应对的宏观经济政策建议。一方面通过密切关注金融系统演变的一般规律，区别对待老龄化对金融系统稳定的影响和经济发展自身波动对金融系统的冲击，提升经济决策的前瞻性，保持经济社会发展的平稳性；另一方面从老龄化与金融稳定的关系出发，借鉴国外成熟经验来推动我国金融创新发展，有力支持老龄化服务事业和产业的发展。

根据研究内容与研究思路的演进，全书共分9章。第1章概论，介绍本书的研究背景与意义、前期文献、研究思路和研究视角的选择。第2章人口老龄化的现状与挑战，旨在对当今全球，特别是中国老龄化问题进行分析，指出这一问题的普遍性、现实性和严重性。第3章金融稳定的理论渊源，旨在从金融稳定理论、金融系统性风险理论的角度梳理全书的理论基础。第4章老龄化影响金融稳定的基本理论，旨在构建一个人口老龄化影响金融稳定的基本框架，为后面的实证研究构造准备条件。研究框架将人口老龄化对金融稳定影响的渠道分为两类：经由资产需求与资产价格的影响，以及经由通货膨胀渠道的影响。第5章人口老龄化与房地产市场，旨在分析人口老龄化对房地产价格的影响。第6章老龄化与资产组合，将资产需求细化为房地产股票、债券和货币及货币等价物这四类资产需求，以似不相关模型实证人口年龄结构变化对他们的联合作用。第7章人口老龄化与通货膨胀，旨在探究中国人口老龄化是否以及如何对通货膨胀产生影响。第8章人口老龄化与货币政策效力。基于6个新兴市场经济国家和地区的数据，在用时变系数向量自回归方法（TVP-VAR）得到货币政策有效性的代表变量的基础上，研究老龄化对货币政策有效性的影响。第9章基本结论与政策建议，总结全书的基本观点与基本结论，从产业政策、货币政策、人口与社会保障政策等宏观政策层面提出对策建议，增强决策的科学性。

在本书研究和写作过程中，参阅了国内外大量文献资料，得到了很多领导、同事、老师、同学和朋友的帮助，在此向他们致以诚挚的谢意。由于著者水平和条件所限，书中谬误难免，恳请专家和同仁批评指正。

目　　录

1 概论 ……………………………………………………………（1）

　1.1 研究背景与研究意义 ………………………………………（1）

　1.2 文献综述 …………………………………………………（3）

　　1.2.1 对房地产市场的影响 …………………………………（3）

　　1.2.2 对股票和债券市场的影响 ……………………………（4）

　　1.2.3 对货币市场的影响 ……………………………………（5）

　　1.2.4 对通货膨胀的影响 ……………………………………（6）

　　1.2.5 对货币政策有效性的影响 ……………………………（7）

　　1.2.6 简评 ……………………………………………………（8）

　1.3 研究思路 …………………………………………………（9）

2 人口老龄化的现状与挑战 ……………………………………（13）

　2.1 世界人口老龄化概述 ……………………………………（13）

　　2.1.1 人口老龄化的基本概念 ………………………………（13）

　　2.1.2 世界人口老龄化趋势 …………………………………（14）

　2.2 发达国家人口老龄化 ……………………………………（16）

　　2.2.1 发达国家人口老龄化现状 ……………………………（16）

　　2.2.2 发达国家的老龄化挑战 ………………………………（18）

　　　2.2.2.1 与老年人有关的支出负担加重 …………………（18）

　　　2.2.2.2 社会劳动力短缺、老化，劳动力成本上升 ………（19）

　　　2.2.2.3 阻碍产业结构调整 ………………………………（19）

　2.3 发展中国家老龄化 ………………………………………（20）

　　2.3.1 发展中国家人口老龄化现状 …………………………（20）

　　2.3.2 发展中国家面临的老龄化挑战 ………………………（22）

　2.4 中国人口老龄化 …………………………………………（23）

  2.4.1 中国老龄人口的现状及特征 ······················ （23）

  2.4.2 人口老龄化面临的挑战 ·························· （26）

    2.4.2.1 老龄化使社会抚养比特别是老年抚养比持续上升，青年

        人群养老负担重，养老保障形势更加严峻 ········· （26）

    2.4.2.2 医疗卫生支出压力日益沉重 ················ （27）

    2.4.2.3 新的社会服务需求急剧膨胀 ················ （28）

    2.4.2.4 劳动年龄人口比重下降，经济发展受到一定阻碍 ····· （29）

3 金融稳定的理论渊源 ··································· （30）

 3.1 金融稳定的基本内涵 ··························· （30）

  3.1.1 金融稳定的界定 ·························· （30）

    3.1.1.1 直接界定 ······················· （30）

    3.1.1.2 间接界定 ······················· （32）

  3.1.2 金融稳定的评价与预警 ···················· （33）

    3.1.2.1 国际上有关金融稳定的评价框架 ·········· （33）

    3.1.2.2 中国的金融稳定评价框架 ··············· （34）

    3.1.2.3 与金融稳定相关的宏观要素 ·············· （35）

    3.1.2.4 与金融稳定相关的微观要素 ·············· （37）

 3.2 系统性风险的基本内涵 ························· （38）

  3.2.1 系统性风险的基本概念 ···················· （38）

    3.2.1.1 系统性金融风险的定义 ················ （38）

    3.2.1.2 系统性风险的生成原因 ················ （39）

    3.2.1.3 系统性风险的影响 ·················· （42）

    3.2.1.4 系统性风险的特征 ·················· （43）

  3.2.2 系统性风险的形成机制 ···················· （45）

    3.2.2.1 系统性风险的辨识 ·················· （45）

    3.2.2.2 系统性风险的传导 ·················· （49）

    3.2.2.3 系统性风险的放大 ·················· （53）

4 老龄化影响金融稳定的基础理论 ····················· （56）

 4.1 老龄化背景下的生命周期理论 ····················· （56）

  4.1.1 生命周期储蓄理论的基本思想 ················ （56）

  4.1.2 生命周期储蓄理论的演进 ·················· （59）

  4.1.3 老龄化对金融稳定的影响 ·················· （62）

　　　4.1.3.1　老龄化对储蓄率的影响 ……………………（62）

　　　4.1.3.2　老龄化对通货膨胀的影响 …………………（66）

　4.2　老龄化社会的资产组合理论 …………………………（71）

　　4.2.1　资产组合理论的基本思路 ………………………（71）

　　4.2.2　资产组合理论的演进 ……………………………（74）

　　　4.2.2.1　单一风险资产的权重选择 …………………（74）

　　　4.2.2.2　多种风险资产的权重选择 …………………（75）

　　　4.2.2.3　含有劳动收入的资产组合 …………………（75）

　　　4.2.2.4　劳动收入者进行单期投资的资产组合 ……（76）

　　4.2.3　老龄化对资产组合的影响 ………………………（76）

　　　4.2.3.1　老年人配置资产组合的影响因素 …………（76）

　　　4.2.3.2　人口年龄结构演变对居民投资偏好的影响 （80）

5　人口老龄化与房地产市场 …………………………………（82）

　5.1　相关文献 ………………………………………………（82）

　　5.1.1　国外相关研究 ……………………………………（82）

　　5.1.2　国内相关研究 ……………………………………（83）

　　　5.1.2.1　中国人口替代迁移的特点 …………………（83）

　　　5.1.2.2　替代迁移与老龄化的关系 …………………（84）

　　　5.1.2.3　老龄化、替代迁移与房价的关系 …………（84）

　　5.1.3　简评 ………………………………………………（85）

　5.2　人口老龄化对住房价格的影响 ………………………（86）

　　5.2.1　基本模型与变量说明 ……………………………（86）

　　　5.2.1.1　基本模型 ……………………………………（86）

　　　5.2.1.2　数据说明 ……………………………………（88）

　　5.2.2　动态面板模型估计 ………………………………（88）

　　　5.2.2.1　面板单位根检验 ……………………………（88）

　　　5.2.2.2　动态面板模型估计 …………………………（90）

　　5.2.3　面板协整误差修正模型估计 ……………………（93）

　　　5.2.3.1　面板单位根与面板协整检验 ………………（93）

　　　5.2.3.2　面板误差修正模型估计 ……………………（95）

　　5.2.4　实证结果分析 ……………………………………（99）

　　　5.2.4.1　总结性分析 …………………………………（99）

　　　5.2.4.2　基于微观层面的剖析 ……………………（101）

5.2.5 小结 ……………………………………………………… (102)

5.3 老龄化、人口流动与住房价格 ……………………………… (104)

  5.3.1 理论模型 ………………………………………………… (104)

    5.3.1.1 住房需求方程 ………………………………… (104)

    5.3.1.2 住房供给方程 ………………………………… (106)

    5.3.1.3 一般均衡解 …………………………………… (106)

  5.3.2 计量模型与数据说明 ………………………………… (107)

    5.3.2.1 基本计量模型 ………………………………… (107)

    5.3.2.2 数据说明 ……………………………………… (108)

  5.3.3 实证分析 ………………………………………………… (109)

    5.3.3.1 总样本回归结果 ……………………………… (109)

    5.3.3.2 分级别城市子样本回归结果 ………………… (111)

    5.3.3.3 稳健性检验 …………………………………… (113)

6 老龄化与资产组合 ……………………………………………… (116)

6.1 相关文献 ……………………………………………………… (116)

  6.1.1 国外相关文献 ………………………………………… (116)

  6.1.2 国内相关文献 ………………………………………… (118)

  6.1.3 简评 ……………………………………………………… (119)

6.2 实证分析 ……………………………………………………… (120)

  6.2.1 最小二乘法回归分析 ………………………………… (120)

    6.2.1.1 变量选取与数据处理 ………………………… (120)

    6.2.1.2 回归结果 ……………………………………… (121)

  6.2.2 似不相关回归 ………………………………………… (123)

    6.2.2.1 模型设定与检验 ……………………………… (123)

    6.2.2.2 回归结果分析 ………………………………… (125)

6.3 小结 …………………………………………………………… (126)

7 人口老龄化与通货膨胀 ………………………………………… (128)

7.1 研究现状述评 ………………………………………………… (128)

7.2 人口老龄化对通货膨胀影响的实证分析 …………………… (129)

  7.2.1 变量选取及数据处理 ………………………………… (129)

  7.2.2 回归分析 ………………………………………………… (132)

  7.2.3 实证结果剖析 ………………………………………… (134)

7.3　结论与政策启示 ……………………………………………（138）
　　7.3.1　基本结论 …………………………………………（138）
　　7.3.2　政策启示 …………………………………………（139）

8　人口老龄化与货币政策效力 ………………………………（140）
　8.1　研究现状述评 ………………………………………（140）
　8.2　货币政策效力的时变特征 …………………………（143）
　　8.2.1　时变系数向量自回归模型 ………………………（143）
　　8.2.2　数据与实证说明 …………………………………（144）
　8.3　人口结构对货币政策效力的影响 …………………（148）
　　8.3.1　计量模型与平稳性检验 …………………………（148）
　　8.3.2　全样本估计结果 …………………………………（150）
　　8.3.3　子样本估计结果 …………………………………（152）
　8.4　小结 …………………………………………………（153）

9　基本结论与政策建议 ………………………………………（155）
　9.1　基本结论 ……………………………………………（155）
　9.2　政策建议 ……………………………………………（158）

参考文献 …………………………………………………………（160）

后记 ………………………………………………………………（170）

1 概论

1.1 研究背景与研究意义

老龄化已成为世界各国面临的共同挑战，这一形势对中国来说更加严峻。首先，中国人口老龄化增长速度相当快，中国老年人口抚养比的增长速度明显高于世界和其他欠发达地区的平均水平，至 2016 年末，我国 65 岁及以上老年人口已达 1.5 亿，占总人口的比例为 10.8%，远远高于其他发展中国家的平均水平，如图 1-1 所示，体现出与其经济社会发展水平并不匹配的特征。其次，我国当前快速发展的城镇化也在深刻改变不同地域的人口年龄分布。同时，中国二元经济结构、福利政策、经济发展的不均衡导致老龄化问题存在结构性特征。总之，在我国经济转型的大背景下，人口老龄化问题成为我国经济均衡、稳定发展面临的一大严峻考验。

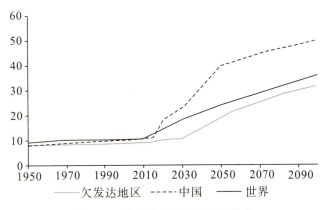

图 1-1 老年人口抚养比增长速度

数据来源：联合国经济社会事务部

老龄化对我国经济的潜在冲击是多方位的，为应对人口老龄化对我国社会经济可能造成的各种影响，学界与实践界开展了大量研究并提出了各种针对性措施。但当前关注更多的是养老体制改革模式，以及人口老龄化与养老体制改革的后果等，关注人口老龄化对金融稳定的潜在冲击和持续影响的却不多。

事实上，老龄化正深刻改变着原有经济和金融发展模式的资源配置关系，进而影响经济社会发展的各个方面。放眼世界，当前发达国家不断出现的金融债务危机，固然是银行系统、政府运作失误直接引发，但是都可归结为一个基础性的重要背景，即人口老龄化下金融资产和金融市场的波动与振荡。因此，老龄化对金融稳定的影响，是联系人口老龄化背景和经济金融运行变动的枢纽，其具体研究价值如下：

首先，全面理解老龄化对经济体系所造成的影响必须要认真研究老龄化与金融系统稳定的关系。金融领域作为一个重要的经济部门，影响经济生活的方方面面。如果老龄化对金融领域的影响较小，那其对经济体系和社会稳定的冲击也就较小。但如果老龄化可能导致金融系统的崩溃，则必将危及中国经济安全，影响社会的稳定与和谐。

其次，老龄化会影响金融模式的演变。老龄化会导致投资者选择金融服务的结构发生变化。各金融机构所提供的金融服务类型是差异化的，一方面，各金融机构为了适应市场，在保持自身优势的同时会向新的金融领域扩张，其所提供的金融功能也会发生变化；另一方面，投资者行为的变化对金融机构的冲击是非均衡的，在老龄化的影响下，金融机构会形成此消彼长的竞争关系，进一步引发金融结构的重大变化。

第三，大力发展老龄服务事业和产业离不开各类资产市场的支持，因此必须深入认识老龄化与资产价格的关系。人口老龄化会不会引起各类资产价格的剧烈波动或者单边下降，直接影响我国房地产市场与资本市场的交易行为，进而影响各资产种类的发展与相应的产品创新。

第四，从政策层面看，一方面，只有弄清楚人口老龄化如何影响金融稳定，才可能对由此产生的负面影响予以前瞻性应对，保持经济金融的平稳运行；另一方面，人口老龄化会直接影响通货膨胀率等一些或宏观或微观的经济要素，导致货币政策等宏观经济政策的最终目标发生变异。总之，面对人口年龄结构变迁所导致的政策环境变化，货币政策等宏观经济政策需要考量如何在一个中长期内加以适应和调整。

1.2 文献综述

简而言之，老龄化可以通过影响资产价格、通货膨胀等多种途径影响金融稳定。随着 20 世纪世界各国不同程度地步入老龄化社会，老龄化对这些渠道的影响已成为国外研究的热点，并在近年来开始受到我国学界的广泛关注。已有文献围绕老龄化对资产市场（房地产市场、股票、债券市场及货币市场）、通货膨胀，以及货币政策有效性的影响展开了大量研究。

1.2.1 对房地产市场的影响

20 世纪 80 年代，文献开始关注人口结构与住房市场的关系，因人口结构主要通过影响需求作用于房市，大部分文献偏重于需求面的分析。Mankiw 和 Weil（1989）开创性地指出婴儿潮与出生低谷是美国住房需求变化的关键，指出老龄化会降低居民住房总需求，认为房地产市场中存在"资产消融效应"（Asset Market Meltdown Hypothesis）。Brooks（2002）首次构建代际模型刻画了二者关系，代际迭代模型被后续研究广泛使用。迄今，尽管老龄化影响房市已成共识，但其影响方向和影响程度却在国别研究中存在争议。如 Neuteboom 和 Brounen（2007）发现荷兰住房需求反而会随老龄化上升；在我国，徐建炜等（2012）与陈国进等（2013）测定了人口抚养比对房价的影响，结果发现老年抚养比与房价呈正向关系；陈彦斌和陈小亮（2013）指出，中短期内人口老龄化不会导致中国城镇住房需求大幅降低。李超等（2015）则认为出于投资和投机性需求，中长期中国住房需求的总体走势将呈现"倒 U 形"特征。

对上述争议，研究者引入了一些宏观、微观及供给面因素进行解释，部分研究开始重视其结构特征。宏观上，主要考虑经济金融制度的影响。如 Ang 和 Maddaloni（2003）认为老龄化对住房市场的影响，会受到养老金等社会保障体系因素的制约。Siegel（2005）则指出在开放经济条件下，国外资本的净流入会抑制老龄化所导致的房价下跌。同时，一些研究开始控制供给面的作用，Lindh 和 Malmberg（2008）从住房投资角度出发指出在快速老龄化时代住房市场将逐渐暗淡；杨华磊等（2015）则指出在控制需求和供给弹性后，人口结构的改变对住房市场需求具有实质性的影响。从微观上，则加入了对个体

3

异质性的考察。Lindenthal 和 Eichholtz（2014）通过控制人力资本等微观变量后，发现老龄化并未导致住房需求下降，只有居民年龄在生命周期末端时住房需求才明显下降。此外，一些研究开始引入结构化的视角，如 Bitter 和 Plane（2012）引入导致人口迁移的个体异质性因素来考察老龄化与房价的关系，认为不同年龄层人口的流动偏好会改变不同区域的老龄化结构，导致其对美国住房价格的影响存在地区差异。

1.2.2 对股票和债券市场的影响

大量文献从生命周期的储蓄、投资特征以及实体经济传导视角分析了人口年龄结构对股票市场和债券市场的影响。Yoo（1994）基于代际迭代模型最早研究了人口结构对资产市场的影响，认为人口年龄结构变化会影响储蓄率进而影响资产收益率，发现中年人口比例与股票、长期债券和国库券的收益率呈负相关。Abel（2000）在 Diamond 模型基础上对人口随机增长、消费品转化为资本品涉及的调整成本和社会保障制度三方面进行了修正，认为婴儿潮人口会提高总储蓄，从而推高股价，而当他们进入退休年龄后则会拉低股价。Bakshi（1994）提出了生命周期投资假说与生命周期风险厌恶假说，认为一方面，青年时期因组建家庭的需要，房地产需求会上升；随年龄的增加，住宅需求会趋于稳定并下降，而金融资产需求会上升。另一方面，风险厌恶程度会随着年龄上升而增加，即股票占总财富的比例会随着年龄结构的增长呈倒 U 形。此外，部分研究还从人口结构变化影响实体经济，进而影响资产价格的角度进行了探讨。如 Brooks（2002）在真实经济周期模型中引入了四时期的代际迭代模型，认为当出生高峰人群进入工作后会导致资本/劳动比例下降，股票溢价上升，而出生低峰人群会导致相反的影响。需要指出的是，尽管上述研究都认为人口价格会导致资产价格变动，但并不是所有实证文献都认同这一观点。如 Poterba（2001）认为，人口结构与股票、长期债券和国库债的收益率的关系并不明确。

国内研究老龄化对股票、债券市场影响的文献尚在起步阶段，研究结果存在争议。如吴义根和贾洪文（2012）基于生命周期理论，分析了老龄人口与金融资产需求结构的相关性，认为我国老龄人口与居民股票持有量之间呈正向关系，与居民债券持有量之间呈反向关系。但是，也有学者持相反观点，崔惠颖（2015）实证发现我国人口年龄结构对股票和债券市场均不存在显著影响。柴时军和王聪（2015）利用"中国家庭金融调查"（CHFS）数据，分析了老龄化对中国城镇居民家庭资产配置的影响，结果发现老龄人群的投资渠道较单一，更加呈现出风险厌恶型投资者的特征，更倾向于银行存款等低风险资产，认为随着老龄化的深化，股票与债券市场的社会参与度可能进一步降低。

1.2.3　对货币市场的影响

在关于人口年龄结构变动与货币市场关系的研究中，一般以储蓄来代表货币需求，其理论基础是生命周期和持久收入假说。其基本思想是理性经济人会将一生的收入在生命周期进行合理分配以实现一生效用最大化，因此会导致工作阶段正储蓄，少年和老年阶段负储蓄的现象，即老龄人口与储蓄之间呈负相关关系。但这一假说在实证检验中，并没有一致的结论。如 Leff（1969）、Higgins 和 Williamson（1996，1997）等指出，人口老龄化与储蓄存在负相关关系；如 Kelley 和 Schmid（1996）等发现，在不同的时间段，二者关系的显著程度存在明显差异；而 Ram（1982）和 Yasin（2008）等则认为二者并无显著的相关关系，甚至可能呈现正相关关系（Chamon 和 Prasad，2008；Song 和 Yang，2010）。针对这种有悖于生命周期理论实证结果，Schults（2005）提出可以用人口转变内生模型进行解释。他认为生命周期理论忽略了人口结构的内生性，而人口结构是存在内生性特征的，经济增长可能导致私人和公共健康投资行为，居民储蓄与消费行为，以及家庭生育行为发生变化，这些都可能使得老龄化与储蓄率的关系与生命周期理论不符。

近年来，中国的高储蓄率一直是学界关注的焦点，部分研究试图从人口年龄结构出发予以解释，采用了不同的数据结构和研究方法，结论尚未达成共识。一些学者从宏观数据出发讨论了老龄化指标和储蓄率之间的关系，但与前述国外文献一样，并没有符合生命周期假说的明确结论，有的发现二者的关系并不显著（Kraay，2000；Li 等，2007），有的甚至发现二者之间呈现正相关关系（如 Modigliani 和 Cao，2004；汪伟，2012）。一些研究则从微观数据出发进行了探讨，如胡翠和许召元（2014）基于中国家庭收入项目（CHIP）调查数据，采用混合截面和虚拟面板考察了人口老龄化对城镇和农村家庭储蓄率的影响，发现其存在显著差异，人口老龄化会导致农村家庭储蓄率下降，城镇家庭储蓄率上升。另一些研究则引入了人口结构内生性的因素进行了分析，如赵文哲和董丽霞（2013）在内生人口转变框架下利用跨国面板数据分析了人口结构对储蓄率的影响，结果发现在不同的经济增长阶段，二者的关系呈现不同的趋势。此外，陈彦斌等（2014）基于国际经验，预测了未来二十年中国人口老龄化对国民储蓄率的影响，认为老龄化会拉低中国国民储蓄率，但无法转变中国的高储蓄率特征。

1.2.4 对通货膨胀的影响

人口老龄化对通货膨胀的影响是近年来国内外研究的焦点之一。就国外文献而言，研究者们进行了大量的研究，提出了多种研究方法，并得出了比较丰富的结论。Lindh、Malmberg（2000）将人口结构划分为五个层次来分析人口结构如何影响通货膨胀，结果认为 15~29 岁以及 65~74 岁的人口比例的增加将会加重通货膨胀，而 30~64 岁以及 75 岁及以上的人口比例的增加则会抑制通货膨胀。MattiasBruér（2002）利用瑞典的时间序列数据研究了人口结构与通货膨胀的关系，发现老龄人口数量的增加将会抑制通货膨胀。Faik（2012）利用德国数据发现，人口结构的老龄化将会抑制通货膨胀。Juselius 和 ElodTakats（2015）在研究人口老龄化与通货膨胀和货币政策的关系中，采用 22 个国家 1955—2010 年的面板数据进行了一系列的回归分析和稳健性测试，得出结论认为人口抚养比例（包括幼年和老年人口）越高，通货膨胀率就会越高；而劳动人口比例越高，通货膨胀率就会越低。和大多数其他研究结论不同，他们指出老年人口比例的增加会推动通货膨胀。

和国外研究相比，由于我国迈入人口老龄化的阶段比西方发达国家更晚，所以关于人口老龄化与通货膨胀关系的研究起步也比较晚，相关研究不如国外丰富。陈卫民，张鹏（2013）采用中国 30 个省份 1990　2010 年的面板数据，利用基准回归、分地区回归和稳健性分析等方法分析了我国的人口结构与通货膨胀之间的关系，结果发现少年人口比例的增加将提高通货膨胀率，而劳动人口及老年人口比例的增加则会降低通货膨胀率。中国人民银行天津、福州课题组（2013）利用我国的省级面板数据，得到了与陈卫民等（2013）相似的结论。蒋伟（2015）利用 52 个国家 1991—2011 年的跨国面板数据分析人口老龄化是否抑制了通货膨胀，结果认为老年人口比例的上升确实抑制了通货膨胀。池光胜（2015）利用包括 OECD 和非 OECD 在内的 151 个国家自 1971 至 2010 年的大型跨国面板数据进行计量分析，得出结论认为劳动人口比例的增加将会带来通货膨胀，老年人口比例的增加则会带来通货紧缩，但这种结论由于不同国家国情的不同而分别适用于非 OECD 国家和 OECD 国家。

1.2.5　对货币政策有效性的影响

近年来，国外文献围绕人口老龄化对货币政策有效性的影响展开了大量研究。目前主要有两种观点。

第一种是认为人口老龄化对货币政策有效性的影响不确定。Miles（2002）采用代际迭代模型分析认为，老龄化对货币政策的影响方法并不明确。这是因为，一方面，老龄化的环境会使社会财富更集中，根据财富效应，货币政策会随着财富的增长而变得更加有效；另一方面，货币政策的其他途径却可能削弱其有效性。比如，若养老金系统很完善，则老年人会受到较少的信贷约束，当老年人比例过大时，货币政策通过信贷渠道传导的有效性就会大为降低。Bean（2004）指出人口老龄化的过程是缓慢而又长期的，因此对货币政策有效性的影响是不明显的。Kara 和 Thadden（2010）在一个小型 DSGE 模型中嵌入了人口结构变量，选取了欧元区近二十年的数据作为样本，最终得出结论，人口老龄化会对均衡利率产生缓慢而长期的负面效果，但是由于货币政策制定的周期相对于该过程来说属于短期期间，因此不足以影响货币政策的有效性。

第二种观点则是认为人口老龄化会对货币政策的有效性产生影响。Fujiwara 和 Teranishi（2007）构建了一个基于家庭结构和生命周期理论的动态新凯恩斯模型来模拟人口结构对货币政策有效性的影响，最终发现两者之间的确有必然的联系。他们同样指出了财富效应会使老龄化的社会与更年轻的社会在货币政策的有效性上有着很大的不同。Imam（2015）则通过对美国、加拿大、英国、德国、日本五个发达国家的实证认为，老龄化的社会中，货币政策的效果会变小。

随着我国的老龄化进程的不断加速，国内文献也开始聚焦于老龄化对货币政策有效性的影响问题上，但相关研究并不多，观点存在分歧，主要有两种观点。第一种观点认为老龄化借助其他经济因素而间接影响货币政策的有效性。如，张德勇（2007）通过定性和定量的方法分别针对老龄化对我国社会的储蓄投资和消费，养老金制度以及资本市场的资金流动三个方面的影响进行研究，进而得出这三个方面影响货币政策有效性的结论。第二种观点则是认为老龄化通过对货币政策传导途径的作用来影响货币政策的有效性。如，高海燕、吕晓（2015）通过分析老龄化对货币政策传导机制有效性的影响进而得到了老龄化对货币政策有效性的影响。他们将货币传导机制分成利率渠道、资产价格渠道、信贷渠道和汇率渠道四个方面，并分析了货币政策有效性下降的原因。

综上所述，国外研究已经指出人口老龄化对货币政策有效性存在影响。但相比国外而言，我国关于老龄化对货币政策有效性的研究大多是通过分析间接的途径和演绎推理的方式得到结论，针对新兴市场经济体的货币政策特点而进行的实证分析仍有待深入。

1.2.6 简评

综上所述，既有文献对人口老龄化与金融稳定的关系已有广泛关注，主要集中在两个传导渠道：人口年龄结构对资产组合和储蓄率的影响上。

首先，关于人口老龄化与资产价格关系的研究很多，但在实证检验人口老龄化对资产价格的影响时，多选取房地产、股票、债券和储蓄中的一种进行研究，同时讨论多种资产的研究不多，研究结论也大相径庭。争议的原因可能是由于资产需求间存在替代或互补关系，这使得各类资产价格存在内在联系。现有研究将人口年龄结构指标与各类资产独立建模予以实证，无疑忽略了资产之间的内生关系。将有内生性的变量建立单一方程逐一估计与将其建立联立方程组进行估计，计量结果与可靠性都可能存在差异。

其次，既有研究主要是基于整体的视角，讨论一国或多国整体年龄结构对整体资产价格的影响。但需要指出的是，中国经济金融结构存在明显的结构化特征，以房地产市场为例，房产本身不可移动，不同区域不同的经济发展水平可能导致房价差异较大，对房地产市场的讨论不能脱离结构的考察一概而论。总之，对于中国这样具有新兴加转轨特征的经济体，经济结构性矛盾往往更加突出，各种结构性变化作用于人口结构与金融体系，这也就使得二者之间的关系变得更加复杂和不确定。既有对中国人口结构与金融稳定关系的研究，仍不免注重于整体视角，凸显了引入结构视角的重要性。

第三，研究的争议说明不同的文化传统、经济金融体制都可能会对人口老龄化与金融稳定的关系造成影响。发达国家的研究结果在我国的适用性或许存疑。人口老龄化会否影响我国通货膨胀率，进而导致货币政策失效，是老龄化背景下金融体制改革面临的一个现实议题。此外，针对中国市场的研究，还主要建立在宏观数据分析的基础上，如何利用中、微观数据，在中国特有的文化、制度因素下去考察人口老龄化对金融稳定的整体影响是一个亟待研究的课题。

1.3 研究思路

金融稳定是经济社会持续发展的基石。随着我国经济体制的不断完善以及金融市场规模的日益壮大，金融稳定在宏观经济发展中的重要地位将逐步增强，深入理解影响金融稳定的关键要素就显得更加重要。金融体系的稳定有着自身的规律，与资产价格、通货膨胀等诸多因素有关。而人口作为经济增长最基本的动力源泉，显然是各类资产价格波动和通货膨胀率变化的重要基础。目前，中国经济发展面临的重大挑战之一就是人口的老龄化趋势。如果说中国经济近三十年的高速增长有赖于人口红利的推动作用，那么随着人口的老化，资产价格和通货膨胀率会否剧烈变化并波及金融体系和宏观经济的稳定健康发展，并导致宏观调控政策失效，这无疑是一个我们无法回避以及需要深思的课题。

具体说来，一方面，中国资产市场是多层次、多种类的，房地产市场、股票市场、长期债券与货币市场是最重要的四类市场。其中，房地产市场因其在现阶段经济中的支柱作用而占据主导地位。同时，历次国际金融经济危机已经清晰地表明，房地产泡沫破灭与金融市场的剧烈动荡之间具有显著的关联性。另一方面，在经济实践中，通货膨胀一直是各界关注的焦点之一。人口结构可能导致通货膨胀与失业率的关系演变，进而导致货币政策作用的外部环境和约束条件发生前所未有的变化。

以上事实使得我们实际上需要解决两大类问题：一是人口年龄结构对资产价格的影响，在充分考虑其对房地产价格影响的基础上，加入各类资产市场的内在关联，考察人口年龄结构对资产组合需求的影响。二是人口年龄结构对通货膨胀率与货币政策效力的影响，把握人口结构对通货膨胀，以及货币政策传导影响的规律，在现实和传统中找到老龄化背景下中国最优的维护金融稳定的宏观调控思路。显然，这些问题存在已久，科学的答案必须建立在全面、系统的基本框架，精准、合理的研究视角与科学、有力的研究方法上。因此，本书余下部分内容安排如图1−2。

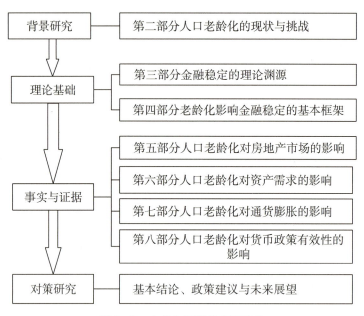

图1-2　本书余下部分内容安排

第二部分，人口老龄化的现状与挑战研究，旨在对当今全球老龄化问题进行分析，指出这一问题的普遍性、现实性、严重性。从发达国家到发展中国家，无论经济发达程度如何，老龄化问题已成为世界各国经济社会发展面临的严峻挑战。而在中国"未富先老"与"城乡二元化"的背景下，中国老龄化问题尤其值得关注，它导致中国经济发展与社会稳定面临着前所未有的困境。随着老龄化进程的日益加快，如何将人口老龄化对经济发展与金融稳定的冲击降到最低，也就成了社会各界关注的焦点与经济学研究亟待解决的关键问题。

第三部分，金融稳定的理论渊源研究，旨在从金融稳定理论、金融系统性风险理论的角度梳理全书的理论基础。人口老龄化对金融稳定的影响构建在金融稳定与金融系统性风险的基本理论与概念基础上。金融系统的稳定与房地产、资产市场以及通货膨胀率都息息相关。在老龄化进程中，通货膨胀、房地产与金融资产市场的需求结构都可能会随之发生变化，进而可能引起金融结构和金融体系演变，并危及金融体系的安全，影响经济稳定与社会和谐。从这个意义上讲，梳理金融稳定与金融系统性风险的基础理论是把握老龄化危机的出发点。

第四部分，老龄化影响金融稳定的基本框架研究。在上一章金融稳定与金融系统性风险的相关理论基础上，本章旨在构建一个人口老龄化影响金融稳定的基本框架，为后面的实证研究构造准备条件。本章将人口老龄化对金融稳定影响的渠道分为两类：一类是经由资产需求与资产价格的影响。生命周期资产选择的差异会导致全社会的资产供求随着社会年龄结构不同而发生变化。人口老龄化可能导致人们的金融资产和房地产资产选择发生单向的变化，进而导致资产价格产生不同幅度、不同方向的波动。如果不对其进行前瞻性的思考和防范，就可能引发金融系统性风险。另一类是经由通货膨胀渠道的影响。根据生命周期理论，随着年龄的增长，会改变人们的储蓄和投资决策。在老龄化社会，全社会的储蓄率和通货膨胀率会发生变化，货币政策等宏观调控政策的作用环境也就随之变迁。这种经济金融结构环境的改变是老龄化影响金融稳定的一个重要方面，必须予以重视，并进行动态的政策调整。

第五部分，老龄化对房地产市场的影响研究，旨在分析人口老龄化对房地产价格的影响。如前所述，房地产市场具有异地异质的特殊性，在中国"未富先老"和"城镇化"的背景下，这种结构化特征更加明显。这就需要我们通过分析不同区域人口年龄结构与住房价格的关系来考察在中国特殊国情背景与发展阶段特征下经典理论难以解释的现象和问题。总之，对于结构化问题突出的中国而言，使用结构化视角就显得非常必要与极其重要。我们试图基于这一视角来观察和分析中国人口老龄化和房地产市场的关系问题。因此，在理论建模得到人口老龄化与住房价格关系的基础上，我们将实证的重点放在了各区域间人口年龄结构与住房价格之间的差异程度上。考虑到中国经济和房地产市场的区域性特征，将中国各省份按经济区域分为东部、中部和西部三块，研究不同区域人口年龄结构与房价的关系，以深化我们对老龄化背景下房价变化趋势的认识。同时，为确保结果的稳健性，综合使用了动态面板模型和面板协整模型两种方法进行分析。此外，考虑到人口流动可能产生的交互作用，我们引入人口流动，进一步分析了人口流动和老龄化的共同作用对房地产市场时空特征的影响。

第六部分是人口年龄结构对各类资产需求影响的分析。如前所述，不同资产价格间存在关联性，有必要将其间的影响通过变量内生化加以消除，在整体框架下考察人口老龄化对资产价格的影响和一般性结论。因此，本部分将对我国人口年龄结构变量与各类资产价格构建联立方程估计其联合影响，这就涉及变量确定与计量方法的选取。在变量方面，根据研究惯例和数据可得性，将资产需求细化为房地产股票、债券和货币及货币等价物这四类资产需求，借以实证人口年龄结构变化对他们的作用。在计量方法上，针对理论模型难以描述不同资产价格间相互影响的问题，在实证研究中以变量内生化予以考察。将上述三种资产价格与人口年龄指标构建似不相关回归（SUR）联立方程，把握人口冲击对这些资产价格的联合影响。

第七部分是人口老龄化对通货膨胀率的影响研究，旨在探究中国人口老龄化是否以及如何对通货膨胀产生影响。基于前述理论基础，老龄化可能通过改变社会的储蓄与投资结构，影响通货膨胀率。本章在厘清不同研究对此问题的不同看法、分析方式和结论的基础上，使用中国省级面板数据就人口老龄化对通货膨胀的影响进行了实证，并重点考察其是否呈现结构化特征。稳健性的实证结果显示人口老龄化的确会在一定程度上抑制我国的通货膨胀水平，但各省份之间并未存在明显的地区差异。

第八部分是人口老龄化对货币政策有效性的影响研究。本章基于6个新兴经济市场国家和地区的数据，在用时变系数向量自回归方法（TVP－VAR）得到货币政策有效性的代表变量后，研究了老龄化对货币政策有效性的影响。研究发现，老龄化削弱了货币政策有效性，并呈现不对称的影响。此外，这一效应在去除中国后更加显著，说明了结果的稳健性和中国样本的异质性。随着新兴经济体金融体制的逐步完善，老龄化对其货币政策效力的影响会更加凸显，应审时度势以应对之。

第九部分是结论与政策建议。总结全文的基本观点与基本结论，从产业政策、货币政策、人口与社会保障政策等宏观政策层面提出对策建议，增强决策的科学性。一方面，针对老龄化对房地产业和金融业的可能冲击，通过税收和金融等多种手段调整住房供需结构，优化调整房地产行业在经济发展中的结构；促进各类资产市场的稳步发展，平衡金融创新与金融风险。另一方面，区别金融系统性风险的原因，加强顶层设计，构建应对老龄化所导致金融系统风险的政策框架与政策举措，综合人口政策、社会保障制度、老龄服务事业和产业，以及货币政策等宏观调控政策，以前瞻性政策应对之。

2 人口老龄化的现状与挑战

2.1 世界人口老龄化概述

2.1.1 人口老龄化的基本概念

"人口老龄化"是指在一个国家或地区中，由于年轻人口数量的减少以及老年人口的增加而导致老年人口数量占总人口数量的比例不断上升的动态过程，这是人口年龄结构变化的一种形式。根据联合国的界定：在一个国家或地区中，65岁及其以上人口占总人口比例达到7%或者60岁及其以上人口占总人口比例达到10%（分子上的这个人口就称为老年人口），这个国家或地区就已经进入老龄化社会。当65岁以上的老年人口占总人口的比例达到或超过14%时，则这个国家或地区已经进入"超老龄化社会"。此外，老龄化的标准包括两层含义：一是从动态视角来看，是指老年人口不断增多，占总人口比例不断攀升的过程；二是从静态视角来看，是指这个社会人口结构将呈现老年状态，进入老龄化社会。

此外，在现实研究中，我们还经常用到老年系数和抚养系数来衡量和研究老龄化程度。老年系数是指60岁或65岁及其以上人口占总人口的比例；抚养系数是指非劳动者人口数占劳动人口数量的比例，一般分为少儿抚养比和老年人抚养比。我们主要采用老年人抚养比即60岁或65岁及其以上人口数占劳动人口数的比例。

2.1.2　世界人口老龄化趋势

世界人口在 1950—2015 年间呈现先升后降的趋势，由 1950—1955 年的 1.78% 上升到 1960—1970 年的巅峰值 2.05%，然后逐渐下降到 2010—2015 的 1.19%。20 世纪 50 年代，由于生活水平的提高、卫生条件的改善，出生率增加，死亡率迅速下降，老年人普遍长寿，导致在世界人口各年龄段中，老年人人口总数不断增长，速度最快。尤其是西欧发达国家，人口出生率降低为负增长，然而老年人预期寿命不断增加，导致西欧国家老龄化问题尤其严重。如图 2-1，从图中我们可知，1999 年世界 65 岁以上的人口占总人口的比例首次超过 7%，这标志着人类进入长寿时代和全面老龄化时代。

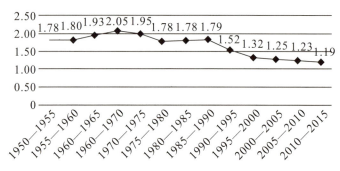

图 2-1　世界人口增长率

数据来源：联合国世界人口展望（World Population Prospects）

人口老龄化是人口转变的必然结果，世界不同地区的人口分布十分不均匀，如表 2-1，人口集中分布在亚洲和拉丁美洲以及非洲，这三个洲主要集中着广大发展中国家，总人口众多，增长速度快；而欧洲、北美以及大洋洲分布着绝大部分发达国家，人口总量少，增速缓慢。

表 2-1　世界人口规模

	北美（亿）	欧洲（亿）	亚洲（亿）	拉丁美洲（亿）	大洋洲（亿）	非洲（亿）
1999 年	3.07	7.29	36.3	5.11	0.3 亿	7.67

世界上的国家可以根据人口年龄结构划分为三类：收缩型、扩张型以及静止型。第一类主要是一些发达国家，这些发达国家已经完成人口转变，进入收缩型，许多国家如德国、荷兰的人口都趋于零增长或负增长，并且已经严重老龄化。第二类是一些刚刚起步的发展中国家，这些国家正处于死亡率快速下

降，出生率快速上升的阶段，人口年龄结构年轻化，属于扩张型人口结构，印度就是这一类型的典型代表。第三类便是静止型，这时期出生率大幅度降低，人口增速放缓，死亡率进一步降低，这通常是发展到一定阶段的发展中国家所处的人口结构，中国就是其中例子之一，而美国就是这一类型的后期发展。

如图 2-2 中所示，第二类扩张型的代表印度的出生率远远高于第三类静止型国家以及第一类收缩型国家，出生率一直维持在 2% 以上，高居不下。如图 2-3 所示，65 岁以上人口占总人口的比例也维持在 5% 以下，人口年龄结构年轻，抚养比尤其是老年抚养比轻，人口负担轻，劳动力充足，经济发展后劲充足。但由于经济发展程度较低，可能会出现基础设施、教育落后，社会保障不全面的问题。

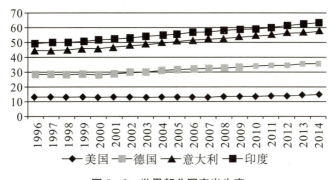

图 2-2　世界部分国家出生率

数据来源：中国国家统计局

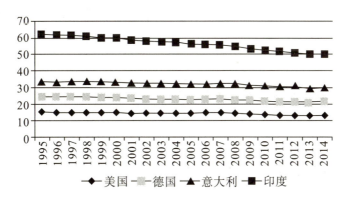

图 2-3　世界部分国家 65 岁及以上人口占总人口比例

数据来源：中国国家统计局

第三类静止型一般由发展程度较高的发展中国家以及发达国家构成，如韩国、美国、中国等，这时期的国家出生率维持在 1%~2%，美国人口出生一直没有低至 1‰的原因可能是美国人口中伊斯兰教信徒较多，他们鼓励生育，使美国出生率一直维持着 1‰～2‰的水平，而 65 岁以上的人口也维持在 10％～14％。总之，这些国家已经进入老龄化社会，但老龄化并没有严重影响经济发展和社会稳定，这一时期是相对稳定的时期，经济发展较为良好，社会养老负担较轻。

第一类收缩型一般是经济发展维持在较高水平，城市化和工业化均已完成，教育发达，抚养孩子的成本上升，导致出生率不断下降，甚至出现人口负增长，劳动力的补给出现严重的缺口。这一时期，政府会采取各种措施鼓励生育；同时这一时期的老龄人口占比超过 14％，进入高龄化社会，人口年龄结构呈现倒三角形，社会养老负担重，财政不堪重负。

在世界各地区中，欧洲属于典型的收缩型国家，出生率低于 1‰，死亡率低。欧洲大部分国家已进入高龄化社会，人口抚养比高，尤其是老年抚养比。这主要是因为欧洲国家是世界上最早开始工业化的地区，工化程度高，经济发展成熟，社会秩序良好，社会制度完善。

北美洲和大洋洲属于典型的静止型人口结构，美国、加拿大和澳大利亚都是属于殖民地获得解放后，利用第二次、第三次工业革命快速发展的国家，相比西欧国家，其发展历程较短，人口老龄化问题也较为轻松。

非洲、拉丁美洲以及亚洲大部分发展中国家都是属于第二次世界大战后获得民族解放的新兴国家，由于刚刚获得独立，人口快速发展，经济发展后劲充足，但一旦控制不得当，便会出现超前城市化以及滞后城市化的问题。以中国为例，改革开放时期的人口红利已经逐渐消失，老龄化进程十分迅速。可见，世界老龄化进程是全球各国面临的共同挑战，不容忽视，宜未雨绸缪，做好前瞻性的战略准备。

2.2 发达国家人口老龄化

2.2.1 发达国家人口老龄化现状

发达国家，又称为工业化国家，是指经济发展水平、技术水平、人民生活水平较高的国家，其主要分布在西欧、北美、澳洲和东北亚地区，包括美国、英国、法国、德国、日本、澳大利亚和加拿大等。发达国家由于其经济与技术的发展水平较高，在历史上的各个阶段中相较于发展中国家都会更进一步。因此，发达国家，尤其是欧洲发达国家是世界上最早进入人口老龄化的国家。

在步入老龄化社会的历史进程中，第一阶段是在 19 世纪与 20 世纪交替的欧洲，由于技术上的进步，医疗水平得到改善，人们的死亡率下降，这使得人们的预期寿命得到了大幅度的增长，此时发达国家比发展中国家的预期寿命高 60% 左右，差距较大。第二阶段便是在第二次世界大战以后，同样始于欧洲的生育率下降的趋势，但这种低生育率的趋势是普遍的。对于发达国家而言，对高品质生活和子女之间的和谐相处的期望，会促使他们养育更少的孩子；对发展中国家而言，为了摆脱贫困，获得更好的医疗、教育、社会保障水平，也会使得生育率降低。这与社会上经济的快速发展带来的就业机会的增多、妇女社会地位的提高、儿童看护机构的增长以及国家政策的支持有密切的联系。第三阶段则是在 1990 年后，预期寿命提高和生育率下降同时出现，这导致了人口结构迅速和普遍老化的趋势。当一个国家的死亡率先下降时，主要影响是使儿童的数量上升；然后，由于低生育率与预期寿命的提高，一段时间后，社会上的劳动人口增多，社会变得年轻化。而当这个国家越过社会的年轻化，持续出现低生育率，低死亡率且预期寿命增加时，便会使得社会上老龄人口增多，儿童和具有劳动能力的青壮年人口下降，这种人口结构会使得老年人抚养比迅速上升，社会步入老龄化阶段。

在发达国家中，老龄化的进程并不相同。法国是最早进入老龄化社会的国家。在 1951 年，60 岁以上人口占比达到 10.1%；20 年后，其 65 岁以上人口占比便达到了 7.4%。与之相比，日本在 1970 年 65 岁及以上人口占比才刚刚达到 7.03%，此时的法国 65 岁以上人口占比已经高达 12.83%，在向高龄化社会迈进；然而在 2014 年，该项指标在日本已高达 25.71%，而在法国为 18.67%，日本成为老龄化水平最高的国家，如图 2-4 所示。但无论如何，发达国家老龄化的程度都在不断深化。

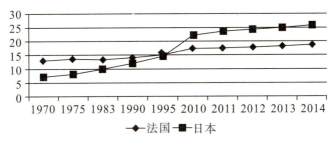

图 2-4   日本与法国 54 岁以上人口占比（%）

数据来源：中国国家统计局

根据联合国经济和社会事务部的预测，西欧、美国和日本在未来几十年中，人口规模与人口结构有着不同的发展方向，如表 2-2 所示。西欧国家人口总数变化不大，但其人口结构有很大的变化，老龄人口迅速增长，劳动年龄人口下降比例较大，0~14 岁人口波动小；日本的人口结构变化与西欧相似，但其总人口预计将减少 13%，且其劳动年龄人口下降趋势较大；美国人口将会继续保持增长的趋势，但其年轻和劳动力人口的增长数量并不大，反而是 65 岁以上的人口增长数量多，其增长率将是最高的，数量上将近翻倍。就老年人口抚养比而言，三个地区均在上升，且三个地区的变化幅度均十分的大，美国在数值上将近翻倍。但美国老龄化程度相对更轻，到 2050 年，平均仍有 2.9 个劳动人口赡养一个 65 岁以上的老年人口，赡养负担并不是十分沉重。与此相对的便是日本，它的老龄化程度最深。2005 年时，日本平均 3.4 个劳动人口共同赡养一个 65 岁以上的老年人口。经过几十年后，日本人口数量持续减少，且减少的大多是劳动力人口，老年人口反而在增长。到 2050 年，平均只有 1.3 个劳动人口赡养一个 65 岁以上的老人。随着赡养 65 岁老年人口的劳动人口的数量的减少，其经济增长、政府财务支出、社会保障、居民生活水平等均会受到影响。

表 2-2　2005—2050 年西欧、美国和日本主要老龄化数据（千人）

	百分比变化			西欧		美国		日本	
	西欧	美国	日本	2005 年	2050 年	2005 年	2050 年	2005 年	2050 年
人口	-1	15	-13	186010	182955	295130	340654	128336	111594
0~14 岁	2.4	2.4	0.07	30481	31235	61624	63137	17748	17761
15~64 岁	-14	4.9	-29.8	123328	105368	197222	206924	85366	59864
65 岁以上	44	94	34.6	32201	46352	36283	70593	25222	33969
老年人口抚养比（%）	65	89	90	26	43	18	34	30	57

数据来源：联合国世界人口展望（World Population Prospects）

2.2.2　发达国家的老龄化挑战

2.2.2.1　与老年人有关的支出负担加重

进入老龄化社会后，随着老年人口占比的增加，其配套的健康护理问题、医疗保健问题以及养老问题也日益严峻。对于社会养老保障而言，社会老龄化使得领取养老金的人数不断增多；医疗技术的改善，各种病症的攻克，使得人的寿命大幅度提高，导致人们领取养老金的年限增长，这给予了养老制度时间和空间上的双重压力，养老金的支出数额不断增加。老龄化问题也使得国家用于医疗保健等项目的支出金额不断提升，美国在 2005 年医疗支出便占国民生产总值的 15%，人均医疗支出约为 6000 美元，2014 年上升到了 17.1%，同时人均医疗支出上升到了 9402 美元，增长十分迅速。英法等国家的 2014 年的医疗支出占国民生产总值也在 10% 左右。1999 年，日本医疗支出占国民生产总值的 7.34%，70 岁以上的老年人的平均医疗水平开支是总人口水平的 3.5 倍，是 14 岁以下的年轻人的 8 倍。除此之外，人口老龄化也在推动发达国家各种养老服务的需求的增长。以长期护理为例，日本的护理保险的利用人数在 2000 年到 2003 年间增加了 149 万人，人数翻了一倍，保险护理费用也增加了 2.2 亿日元，增长率高达 68%；德国有大约 200 万的 70～80 岁的老人需要医疗护理。并且随着家庭结构以及老年人与子女之间生活方式的变化，养老模式有从传统的家庭逐渐向社会转移的趋势，政府所承担的养老责任在不断地加大。

2.2.2.2　社会劳动力短缺、老化，劳动力成本上升

老龄化社会的一个重要指标便是 65 岁以上的人口占总人口的 7% 或者 60 岁以上人口占总人口的 10%。发达国家老龄化程度的加深，在使得老年人口占比增加的同时，15～64 岁的青年人口也在相对下降，而青年人口正是劳动人口的主力军。据统计，在日本，15～64 岁人口中的较年轻的、年龄段在 15～39 岁的人口，由 2000 年的 4269 万人下降至 2015 年的 3449 万人，并且根据预估，人数还会持续下降，并且在 15～64 岁的人群内部，年龄结构也在向中老年人口倾斜。并且许多曾经选择提前退休的人会选择继续工作，或者是正式退休的人也会去寻求各种就业机会。青年人口的数量的下降以及中老年人口就业的参与率的上升，使得劳动力市场逐渐短缺、老化，从而进一步导致年轻劳动力供不应求，劳动力成本上升，此外，对于中老年人而言，其吸收和运用新技术的能力并不理想，创新能力与青年人相比也有所欠缺，由于身体条件的原因也无法接受高强度的工作，对于市场需求的变动的敏感性以及适应能力较差，这对社会劳动生产率的提升、经济的发展是一项重大的挑战。

2.2.2.3　阻碍产业结构调整

社会上人口结构的改变会影响消费需求。老龄化社会，老年人口不断增加，老年人具有固定的消费习惯和不善于接受新的事物，消费欲望不强等消费

特点，不利于新兴产业的市场开拓以及宏观经济上的产业结构调整；此外企业内部人员结构的老化，不利于企业自身的可持续发展以及企业战略的开拓。除此之外，老龄化的社会，科技创新能力下降，高技术企业无法获得持续的发展动力，不利于社会经济的可持续发展。

2.3　发展中国家老龄化

2.3.1　发展中国家人口老龄化现状

当今世界，发展中国家的人口占总人口的 83%，全球未来人口规模的增长部分几乎全部源自于发展中国家。联合国估计世界人口会在 2050 年增加至 97 亿，其中 98.5% 来自于发展中国家，老年人口的增长中，将有 90% 来自于发展中国家，不出意外的话这一数值仍会持续增长。但与发达国家相比，发展中国家缺乏对人口老龄化的准备，因为人口变化还未发展到威胁国家经济前景的程度。对大多数发展中国家而言，由于劳动人口在以一种足够快的速度增长，并且除了少数国家以外，老年人口占劳动人口抚养比依旧是下降的，这种发展趋势可以持续到 21 世纪 30 年代，在那之后劳动人口就会减少，老年人口抚养比下降。但并非所有发展中国家人口数量都在上升，俄罗斯、东欧以及加勒比海大多数的岛国在未来几十年都面临着人口减少的问题。同时，抚养比的下降使得这些地区持续出现收入、储蓄和经济的高增长率，带来人口红利。此外，在发展中国家里，劳动年龄人口的数量也存在着差异。中国和南非的劳动年龄人口正处于转折点，劳动人口数量正在逐渐地减少；而在印度、马来西亚和土耳其，劳动年龄人口的数量会以增长率逐渐减少的速度增加，大约在 2050 年左右，停止增长；而在拉丁美洲，大约从 2030 年开始，智利、墨西哥、阿根廷等会相继进入劳动年龄人口数量减少的阶段。但总的来说，发展中国家的劳动年龄人口的增长会是世界劳动人口增长的主要源泉。总之，对于整个发展中国家而言，还有较长的一段时间去享受劳动力供给增长带来的好处。

在发展中国家里，备受关注的国家，除中国外，便是被预测为会在 2024 年超越中国，成为世界第一人口大国的印度了。印度从 1947 年独立时的 3.5 亿左右的人口，29 岁的平均寿命，到 2015 的 13 亿多的人口以及 68 岁的平均寿命，其中 14 岁以下的人口数量为 3.7 亿左右，大约占了印度总人口的

30％；65 岁以上的人口只占了总人口的 5％左右，人口约为 7000 万人；15～64 岁的人口数量约 8.6 亿，占总人口的 64％左右，这一数值预计在 2050 年会上涨至 11.27 亿，占当时总人口的 66％左右，如图 2-5 所示。总的来看，印度是一个人口年轻化的，劳动力充足的国家，也是一个有着年轻的人口结构特征，总抚养比持续下降的国家。但这并不意味着印度可以逃避老龄化问题。据预测，印度小于 14 岁的人口将在 2050 年减少 1300 万左右，到那时，0～14 岁的人口便会占印度总人口的 21％左右。而与此同时，65 岁以上的老年人人口数量将会增长，2025 年增长至 1 亿左右，2050 年增长到将近 2 亿，并最终占总人口数量的 11％左右，老龄化问题终会来临。

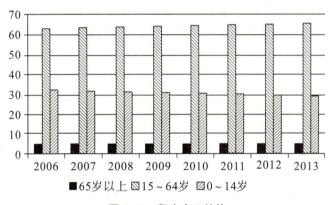

图 2-5　印度人口结构

数据来源：中国国家统计局

　　但印度与中国依旧有所不同，与中国相比，印度除了拥有年轻化的人口结构外，其发展路径也有所不同。它重视国内市场，发展是以国内为主的，重视个人消费，服务业和高科技制造业，是一个服务业大国，其第三产业产值占国民生产总值一半以上。因此相比于中国而言，他并不容易受到国外的由于人口结构性压力而导致的经济冷却的影响。但要保持如此乐观的人口优势，其最重要的一点便是，在未来五年中，如何为以每个月增加 100 万人的速度增长的国内失灵劳动人口解决就业问题，使他们成为经济增长的动力，否则不仅人口优势无法发挥，还会导致高失业率和社会动荡等问题。

　　如果世界上除了印度以外还有能够储存人口红利的地区，那便是非洲和中东了。以北非为例，据联合国统计，1950 年，北非地区的老年人口数量十分的少，只有约 160 万人。0～14 岁的人口以及 15～64 岁的青年人口数量众多，大概分别占 40％和 57％左右，后来人口数量持续增多，其中主要是 15～64 岁的青年人口。至 2010 年，0～14 岁人口数量大约占总人口的 31％，青年人口大约占 63%，老年人口大约占 5%。同时，根据联合国的预计，未来该地区人口数量将进一步上升，青年人口占比进一步加大，至 2050 年，青年人口占总人口的比例将近 66%。其中，北非地区劳动人口的增加主要是由于年轻劳动人口及 5~24 岁人口的增加，在 2012 年，该地区处于年轻劳动力人口的人数占比约为 40%，儿童抚养比约为 53%，该指标大约在 20~30 年后会下降至 30% 左右。但与此同时老年人抚养比会逐渐上升，但由于其上升幅度小于儿童抚养比的下降，因此，总抚养比是下降的。这种下降的趋势会由于人口生育率的降低而被逐渐的强化。世界普通出现的人口生育率降低的现象，会使得这些地区 0~14 岁的人口数量降低，儿童抚养率也会持续降低，因此，在黎巴嫩、伊朗、摩洛哥和土耳其这些生育率较低的国家，0~14 岁人口占比将由 2012 年的 28%~30% 下降至 2050 年的 17%~18%，儿童抚养比也会明显下降。

2.3.2 发展中国家面临的老龄化挑战

首先，对于发展中国家而言，迅速增长的人口如果没有相应的经济增长配合，可能会导致失业率上升。就印度而言，2007 年报道，印度的失业率为 7%，但是考虑到不充分就业的人数、没有登记的失业人数或者是算作就业人口的打临工的人数，实际的失业率可能会高于 7%。虽然 20 世纪 90 年代以来，印度的经济发展得到了较为可观的提高，但其劳动方面的法律制度还不是十分完善，就业机会的增长速度缓慢，印度的失业率可能大幅度地提升，在 15~29 岁的人群中，失业问题会尤其严重，其总的失业人口也有可能会增至 2.11 亿人，是总人口的 30% 左右。

其次，发展中国家的城市发展仍旧面临一系列的问题。城乡之间差距巨大，与现代城市相对应的，是生活在贫民区的将近 6 亿的人口，这大约是世界上生活在贫民区的人口总数的一半。城市地区劳动人口的过度增长有时会牺牲一些欠发达的地区，在这里，社会保障难以实现，收入低下，社会基础设施不足，污染、拥堵问题严重，医疗卫生、教育条件也十分落后。

最后，为老年人提供养老金和社会保障的制度方面还存在不足。之后的几十年间，发展中国家不可避免会面临老龄化的挑战，我们需要为日益增长的老年人口的社会保障提前做出规划，发展和完善养老保障体系，提高社会养老保险的覆盖率以及养老金的替代率。

2.4 中国人口老龄化

2.4.1 中国老龄人口的现状及特征

中国是世界上第一人口大国，也是老年人口大国。新中国成立以来我国的人口年龄结构的变动，源于人口出生率和死亡率的变化。由于新中国的成立、公共健康的改善、城市化以及工业化的进展，我国的死亡率迅速下降，出生率快速上涨，尤其是"大跃进"和"文化大革命"时期，鼓励生育，人口快速增长，1953 年第一次人口普查时，我国 65 岁及其以上的老年人口占总人口比例的 4.41%，到 1964 年第二次人口普查时，这个比例下降到 3.56%。20 世纪 70 年代开始实行计划生育，使我国出生率下降，人口结构开始朝着老龄化方向转变，我国老年人口以及老龄速度在生育率持续降低以及平均预期寿命延长的双重作用下逐步增多和加快。1982 第三次人口普查、1990 年第四次人口普查、2000 年第五次人口普查以及 2011 年第六次人口普查时，我国 65 岁及其以上人口占总人口的比例在逐步攀升，分别是 4.91%、5.57%、6.96% 和 8.87%，2000 年我国正式进入老龄化社会，如表 2-3 所示。我国老龄人口基数大，60 岁以上的人口数约占世界老龄人口总量 1/5，占亚洲老年人口的 1/2。而且我国老龄人口增长速度快，预计到 2045 年我国 60 岁以上的老年人口占总人口的比例将达到 30%。从 2000 年的 10% 到 2045 年的 30%，中国用了不到半个世纪的时间，而许多发达国家用了一百多年的时间，我们的进程大大快于其他国家。

表 2-3 历次人口普查数据

普查年份（年）	人口总数（万人）	65 岁及以上的比重（%）
1953	59435	4.41
1964	69458	3.56
1982	100818	4.91
1990	113368	5.57
2000	126583	6.96
2010	133972	8.87

数据来源：2010 年第六次全国人口普查主要数据公报

根据联合国的预测，2000—2028 年，我国老年人口将会平稳加速增长，65 岁及以上人口将从现在的不足 1 亿增加到并超过 2 亿，平均每年增加近 400 万；2028—2038 年，65 岁及以上人口将从 2 亿增加到并超过 3 亿，平均每年净增长 1000 万，老年人口增长速度与总量将达到顶峰，这一阶段的老年人口增长高峰主要是由于 1963—1973 年婴儿潮的人口进入老年期，之后中国老龄人口增长便会平稳下来。

与此同时，近年来我国 80 岁以上高龄老人以年均约 4.7％ 的速度增长，明显快于 60 岁以上老年人口的增长速度，2016 年 80 岁以上的老年人口已接近 2400 万，占整个老龄人口的 10％，约占总人口的 1.7％。《中国人口老龄化发展趋势预测研究报告》指出，到 2020 年，80 岁及其以上的老年人口数量将达到 3067 万人，占老年人口的 12.37％；到 2050 年，80 岁及其以上的老年人口数将达到 9948 万，占老年人口的 21.78％。到 2020 年，80 岁及以上老年人口将达到 3067 万；2051 年，80 岁及以上高龄老人占老年总人口的比重将保持在 25％～30％。由此可见，高龄老人口数量将持续攀升，所以失能老人也会随之增加。另外由于中国社会结构的变迁、家庭结构的变迁等原因，空巢老人、独居老人也在增多。

由于我国经济发展不平衡，各个地区对人口控制的程度有所差异，导致我国地区老龄化进程有较大差异。总的来说，东部老龄化严重，中部次之，西部老龄化问题最轻。其中上海的人口结构早在 1979 年便进入了老年型，北京在 1990 年步入人口老龄化社会，现在正处于中度老龄化。据统计，到 2014 年底，老龄化超过全国平均值（13.26％）的有上海（28.8％）、北京（22.6％）、天津（21.8％）、江苏（20.57％）、浙江（19.44％）、重庆（16.81％）、辽宁（19.6％）、山东（17％）、四川（16.30％）、湖南（16.72％）和安徽（17％）等省。据相关统计，目前，老龄化严重的城市主要集中在浙江、江苏和辽宁。在南通、无锡、嘉兴、舟山、鞍山这类二三线城市，尤其是东北三省，人口的流出使得老龄化问题十分棘手，如表 2-4 所示。此外，在一线城市中的北京、上海，老龄化水平也已超过 20％，不过，目前北京、上海、广州、深圳仍然是主要的人口流入地，年轻务工人员的流入有利于缓解这些城市的老龄化速度。相对而言，西部一些经济欠发达的省区如新疆、西藏、青海、西宁、内蒙古等地区的人口老龄化程度相对较低，譬如 2010 年第六次人口普查数据显示内蒙古自治区全区常住人口中 65 岁及以上人口为 1868157 人，仅占 7.56％。

表 2—4　全国主要城市人口老龄化程度排名

城市	60 岁以上人口（万人）	老龄人口占总人口的比例（%）
上海	413.98	28.8
南通	203	26
苏州	159.19	24.1
无锡	114.57	24.05
嘉兴	81.26	23.34
舟山	22.2	22.77.
北京	301	22.6
湖州	58.75	22.27
鞍山	76.78	22.12
镇江	59.87	22
常州	80.15	21.9
大连	129.57	21.8
丹东	51.06	21.6
天津	215.42	21.18
本溪	32.04	21.1
沈阳	152.01	20.8

数据来源：根据《中国城市统计年鉴》数据整理

　　我国老龄化的另一大特征就是城乡差距大，根据《中国 2010 年人口普查资料》可知，我国城市老年人口总体规模达到了 4630 万，60 岁以上的老龄人口占总人口比例达到了 11.47% 之多；我国镇级地区的老年人口总体规模超过了 3197 万之多，老龄化比重达到了 12.01%；而我国的乡村地区的情况更加严重，老年人口高达 3197 万之多，老龄人口占比达到了 14.98%。这是由于改革开放之后，我国逐渐放宽了户籍管制，人口流动更加方便，加之交通设施的改善，经济发展不平衡，农村大量劳动力转向城市，农村逐渐"空心化"，降低了农村总人口中的劳动力，农村空巢老人众多，农村人口抚养比尤其是老年人口抚养比加重，人口老龄化严重；但同时农村的养老设施以及社会保障体系不完善，导致农村的老龄化问题更加棘手。

2.4.2 人口老龄化面临的挑战

一般来说，在世界人口老龄化的过程中，老龄化首先是在发达国家出现的，也就是老龄化是伴随着城市化和工业化的发展而出现的，是在国家经济水平以及综合实力发展到较高水平时的产物。换言之，老龄化的出现通常意味着国家的人均 GDP 一般在 5000～10000 美元，城市化超过 50%，基本完成工业化。但相对而言，我国老龄化出现时，我国经济总体水平虽然发展起来，2010 年经济总量已经跃居世界第二，但是当时我国的人均 GDP 只有 4682 美元，城市化为 49%，工业化水平依然较低，总体来说我国还是处于发展中国家。同时，发达国家老龄化进程长达几十年至 100 多年，如法国用了 115 年，瑞士用了 85 年，英国用了 80 年，美国用了 60 年，而我国只用了 18 年（1981—1999 年）就进入了老龄化社会，如图 2-6 所示。而且老龄化的速度还在加快，因此我国出现的人口老龄化现象存在"未富先老"和发展迅速的特点。

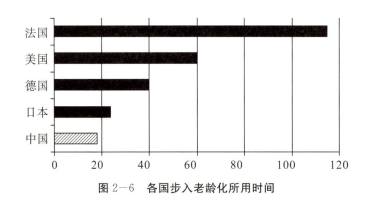

图 2-6　各国步入老龄化所用时间

数据来源：根据联合国经济和社会事务部数据整理

我国特殊的"未富先老"现象引发了一系列问题，带来了一系列的挑战。

2.4.2.1　老龄化使社会抚养比特别是老年抚养比持续上升，青年人群养老负担重，养老保障形势更加严峻

如图 2-7 所示，中国老年抚养比从 2006—2015 年一路攀升，但总抚养比却是稳中有降，这便意味着我国的基本养老保险支出总额在不断上升，据统计，2015 年全年养老保险基金总支出为 25813 亿元，比上年增长 18.7%，各

级财政补贴基本养老保险基金 4716 亿元。可见，随着我国老年人口的继续攀升，养老保险工作任务将更加繁重，仅仅依靠财政补贴只会进一步增加政府负担。

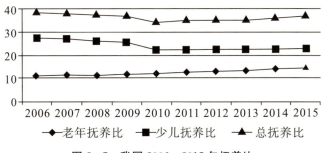

图 2-7 我国 2006—2015 年抚养比

数据来源：中国国家统计局

　　由于我国家庭结构的小型化，一对青年夫妇常常要负担四个老人的养老费用，如果这个比例持续扩大到 2+6 甚至 2+8 的结构，青年人的负担将会变得更重。传统的居家养老模式也将受到挑战，我国应继续进一步创新养老模式，减轻青年人负担。

2.4.2.2　医疗卫生支出压力日益沉重

　　目前，国家已经建立多种形式的医疗保障制度，2010 年时我国的养老覆盖面是 3.59 亿人，到 2015 年扩大到 8.58 亿人，年均增长 27.7%。医疗保障覆盖面在 2005 年刚刚超过 3 亿人，到 2015 年扩大到 13.3 亿人。目前，五项社会保险项目覆盖人群达到近 21 亿人次，基本形成了社会保险项目与非缴费型的项目相结合的社会保障体系，以保障老年人的基本医疗需求。但是我们也应看到，在经济进入新常态，社会即将进入深度老龄化的时刻，我国的社会保障事业仍面临很多挑战。2015 年，我国城镇职工领取基本养老金的共计 9142 万人，占全部参保人员的 25.9%，这比全国老年人占 16 岁及以上人口的比例高出了 6.3 个百分点，显示养老保险制度负担加重，基金财务压力进一步显现。而且，各地区、城乡之间的老龄化发展进程十分不一致，导致在大多数城市，退休老人可以依靠社保得到基本医疗救助以及退休金，但是广大的农村地区，普通农民却得不到保障，医疗卫生条件差。而且老年人的医疗支出比其他人群高 2～5 倍，这使得医疗卫生支出的压力更大。

2.4.2.3 新的社会服务需求急剧膨胀

如前所述，我国老龄人口呈现总量大，增长速度快，高龄人口多的特点，2016年，中国80岁以上的高龄人口已接近2400万，占整个老龄人口的11%。在这些特征下，中国空巢老人问题尤其不容忽视，在城市有54%的老年家庭是空巢家庭，而随着农村进城务工人数的增加，近几年农村空巢老人比例也已接近半数。在种种问题下，传统的家庭养老模式已经受到严重挑战，因此需要社会化的服务协助老年人家庭，这也为中国养老事业提出了更高要求，如何满足老龄化社会快速发展的需求，适应高龄、失能、空巢家庭老人不断增长的现状成为市场和政策调控需要深思的重要议题。在这一背景下，机构养老已经成为养老事业的必然选择。现今养老机构的名目繁多，例如有养老院、福利院等，按照所有制性质可以分为公办、民办、公助民办、公办民营等养老机构。就传统而言，我国养老机构的性质一直被界定为社会福利机构，因此它属于事业单位的编制，经费完全由财政拨付。但是在我国目前的经济发展水平和政府职能转型缓慢的条件下，我国很难拿出大量的资金投入到养老机构的建设中，由此造成了我国养老机构数量少、设施陈旧、服务差等问题。截至2014年年末，全国各类提供住宿的社会服务机构有3.8万个，其中养老服务机构3.4万个。社会服务床位586.5万张，其中养老床位551.4万张。从类型上看，2013年我国城市养老服务机构数量为7077个，农村养老服务机构数量为32787个。2014年，我国社会服务床位共586.5万张，其中养老床位551.4万张，较上年增长76.8万张，如图2-8及2-9所示。

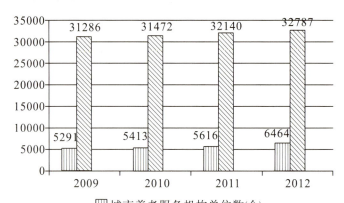

图2-8 2009—2014 **养老服务机构**

数据来源：中国国家统计局

图 2-9　2010—2014 年中国养老床位数量情况

数据来源：中国产业信息网

　　从以上数据可以看出，我国每一千名老年人拥有养老床位约 27 张，这一比例远低于发达国家 50‰ 至 70‰ 的平均水平。同时，服务项目偏少，养老服务设施功能不完善、利用率不高，还不能满足需求。养老服务业发展是我国应对老龄化挑战的重点之一。

2.4.2.4　劳动年龄人口比重下降，经济发展受到一定阻碍

　　经济发展需要劳动力要素的投入，劳动生产率的高低在一定程度上决定了经济发展速度与总量。

　　一方面，人口老龄化的发展趋势必将导致劳动年龄人口的占比下降，而一定数量和质量劳动力的稳定供应是经济增长的重要保障。而在现阶段，我国的劳动年龄人口占总人口比例正下降且日趋老化，这使得劳动力的质量下降，人口红利也在不断消失；同时还将导致生产成本的提高和企业养老负担的加重。这意味着劳动力成本的上升，进而会增加产品的工资成本，势必削弱产品的竞争力，最终影响企业的经济效益。

　　另一方面，众所周知，经济发展的另外一大要素就是资本，而资本的一个重要来源便是储蓄。人口老龄化使得老龄人口数量不断增加，老年人收入较少，但在养老和医疗支出上的花费却不断增加，入不敷出。所以老年人口的增加势必会导致个人储蓄率的降低，同时由于企业也负担着老年人的养老，也降低企业的储蓄，从而影响投资。从长远来看，储蓄率的持续降低会给一国经济增长带来困境。

3 金融稳定的理论渊源

3.1 金融稳定的基本内涵

3.1.1 金融稳定的界定

金融稳定并不是中央银行的传统目标。但 20 世纪 90 年代以来，随着金融系统性风险的日益深化，瑞典中央银行和欧洲中央银行率先将金融稳定职能作为其履职目标。其后，世界各个国家和地区的中央银行也逐步将金融稳定作为重要的履职目标。但目前国内外学术界对于金融稳定的看法与定义并没有完全统一。尽管不同的概念与阐述林林总总，大致可以分为两种：一是用金融稳定的具体表现和特征直接描述，如 Mishkin（1999）、Duisenberge（2001）、Noutellink（2002）、Chank（2003）、Houben（2004）所描述的；二是基于金融稳定的反面——金融不稳定的表现和特征来进行间接界定，如 Crockett（1996）、Frcguson（2002）、Padoa—Schioppa（2003）所描述的。

3.1.1.1 直接界定

由于人们对金融稳定的理解不同，在正面界定金融稳定时，其阐述的角度和侧重点也不尽一致。借鉴刘仁武（2007）的分类，我们大致可以将其划分为以下几类。

1. 从金融稳定的状态特征来描述金融稳定

作为世界上第一家设置金融稳定为履职目标，并于 1998 年第一个出版《金融稳定报告》的中央银行，瑞典银行将金融稳定定义为支付体系的安全与高效运行。然而，这个定义只符合早期的金融体系，现在的金融体系不再只注重支付体系的安全与稳定，我们还需考虑金融的投资性及其对实质经济的影响。

欧洲中央银行的 Padoa－Schioppa（2003）认为金融稳定是指金融机构、金融市场和市场基础设施运行良好，可以抵御各种冲击，却不会减少储蓄向投资转化效率的一种状态。

国际清算银行前主席 Andrew Crockett（2000）认为，金融稳定指金融机构和市场保持稳定并且经济主体能以反映市场基本要素的价格进行交易。国际货币基金组织的 Schinasi（2004）则指出，金融稳定是关于金融风险的确定、配置并且使管理机制运转良好进而增加经济效率的状态。

2. 从金融稳定的功能来界定

德意志银行（2003）认为，金融稳定是指一种稳定的状态，在这种状态下，金融体系能够良好地履行其配置资源、分散风险、便利支付清算等经济职能。国际货币基金组织的 Aredt Houben（2004）等认为，在金融稳定的状态下，金融体系不仅可以在经济活动中有效地分配资源，还可以评估、管理金融风险和承受各种冲击。另外，他们还提出，金融稳定是金融体系能够跨行、跨时间地有效配置资源，评估和管理金融风险、吸收风险的一种状态。Schinasi（2004）提出，当金融体系可以承受冲击带来的不平衡并且不断提高实体经济运行绩效，金融体系就处于稳定状态中。而我国在《中国金融稳定报告 2005》中这样定义金融稳定，金融体系处于能够有效发挥其关键功能的状态。在这种状态下，宏观经济健康运行，货币和财政政策稳健有效，金融生态环境不断改善，金融机构、金融市场和金融基础设施能够发挥资源配置、风险管理以及支付清算等关键功能，而且在受到外部因素冲击时，金融体制整体上仍然能够平稳运行。

3. 从影响金融稳定的因素来定义金融稳定

欧洲央行的 Wim Duisenberg（2001）认为，金融稳定指构成金融体系的各主要要素都可以正常运行。英国学者 Michael Foot（2003）则认为，金融稳定可保证货币币值稳定，在金融稳定的状态下，货币可充分实现其价值尺度、流通手段、支付手段和储藏等功能。NBER 的 Anna Schwartz（2002）认为，人们对于支付手段有恐慌时可引起金融危机，具体表现为银行的挤兑和争夺高能货币。

4. 从金融稳定的前提来定义金融稳定

这类定义的代表性观点来自 Schinasi（2004），这类定义认为可以从以下五个方面来定义金融稳定。

（1）系统观点。由于金融稳定与金融体系各组成部分均有联系，导致金融稳定的涵义广泛，包括了金融基础设施（含金融管理和监督的法律体系和组织架构）、金融机构和金融市场等。因此，定义金融稳定时系统的观点是必需的。

（2）货币稳定。金融稳定与货币稳定相辅相成，只有币值稳定了，才可以正常发挥金融体系的功能、正常运行支付清算体系。

（3）抗冲击。金融稳定不仅表现为金融危机不发生，另外还要求金融体系可以抵抗住一定的内在和外来冲击。

（4）不损害实体经济。鉴于金融稳定与实体经济的关系，从金融稳定影响实体经济的角度上看，当些许的市场价格波动或者金融机构的倒闭并没有阻碍经济的增长时，则可认为是金融稳定。

（5）动态观点。金融稳定是一个宏观的、全局的、连续的、动态的概念，不是一个微观的、局部的、离散的、静态的概念。

3.1.1.2　间接界定

金融稳定的反面是金融不稳定。因此，从金融不稳定的定义中我们也可以反窥金融稳定的内涵，反面视角的定义有利于我们全面了解和思考金融稳定的特征。挪威中央银行于 2003 年在金融稳定报告中定义金融稳定为金融体系中没有危机发生，并且金融部门在面对冲击时运转良好。Andrew Crockett（1996）直接指出金融稳定为金融不稳定的相反面，金融资产价格波动，或者无法兑现合同的义务是损害经济运行的来源，这点明了产生金融不稳定的来源广泛，不仅只来自于银行，且它的潜在危害大于显现在外的危害。Frederick Mishkin（1999）指出金融不稳定发生是因为对金融体系的冲击干扰了信息传递进而导致金融体系不能正常运转。John Chant（2003）认为金融不稳定指一种状态，它可能损害金融机构和金融市场的正常运转以至于不能为其他经济体提供融资，并且还会对家庭、公司和政府等费金融部门造成损害。

Roger Freguson（2002）强调，金融不稳定具有以下几个特征：①一些重要的金融资产价格严重脱离其基础；②国内和国际的市场功能和信用可得性被严重扭曲；③前两项的结果导致总支出显著偏离（偏高或偏低）实体经济的产出能力。

此外，金融系统性风险是与金融稳定相关联的一个重要概念，本章的第二节将重点论述金融系统性风险的基本内涵。

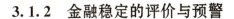

3.1.2 金融稳定的评价与预警

3.1.2.1 国际上有关金融稳定的评价框架

1. 美国的金融稳定评价体系

美国联邦金融监管局主要使用"CAMELS"骆驼评价体系，考核评价银行的资本状况、管理水平、收益状况、流动性和对市场风险的敏感度。CAMELS体系在维护自由竞争的前提下，对银行六大指标体系进行评价，进而帮助监管当局找出有问题的银行，以便及时采取预防措施，最大限度地减少银行风险，保障金融体系的稳定。由于这是从监管者角度进行的评级，所以评价的核心指标主要是以金融稳定和金融风险控制目标为中心设计的，注重于风险评级而非财务效应，强调资本性、资产安全性，弱于对收益性和流动性的考核。一直以来，CAMELS系统都被认为是效果最显著、最可信赖的评估工具，但是它也有不少缺点，首先有关指标信息只能用于事后分析，并不能预测银行未来的发展趋势，所以该评级体系主要作用于那些需要立即或特别关注的有问题的银行，另外评价结果有效期较短（仅能维持6个月）。然后，在CAMELS评价体系的基础上，还衍生出了BOPEC、UBSS、FIMS评价体系。

2. 欧洲中央银行的金融稳定评价体系

2000年初，欧洲中央银行专门成立了金融稳健性分析小组，分析金融宏观审慎指标体系。该工作组将金融监测指标分为三类：第一类是有关银行体系稳健性的系统指标，主要反映银行系统的贷款行为、竞争力状况、资金流动性状况、风险集中程度、资金组合质量、获利能力、资本准备和市场评估方面的指标；第二类是影响银行体系的宏观经济指标，包括收入预期、杠杆度、债务负担、资产价格、货币条件和外部头寸；第三类是传染性指标。主要指标情况见表3—1。

表3—1 欧洲央行金融稳定评价体系的相关指标

指标	分类指标
信用变化指标	贷款统计
	住户贷款额
	非银行金融机构贷款额
	混合收入总计

续表

指标	分类指标
竞争环境指标	新生贷款总计
	非银行部门新生贷款总计
金融机构效益和质量指标	收益率指标
	资本充足率指标
金融脆弱性指标	非银行部门总负债的比率
	住户金融资产中总负债的比率
	住户部门储蓄率
资产价格指标	平均股票指数
周期性条件和货币性条件指标	生产总值增长率
	通货膨胀率
	总投资增长率

注：根据欧洲中央银行相关文献整理

可见，欧洲中央银行认为可以从信用的发展变化、竞争环境、收益率及资本充足率、金融的脆弱性、资产价格和金融市场的发展变化和周期性条件和货币条件等方面表现金融的稳定性。

3. FSAP 计划中的金融稳定评价体系

国际货币基金组织 IMF 于 2001 年提出金融稳健性指标体系（FSI），并于 2003 年推出了《金融稳健指标编制指南》，以便各成员国开展金融稳健统计工作。该指标体系主要考察了资本充足性、资产质量、盈利能力、流动性和市场风险敏感度等维度。另外从机构角度而言，该指标体系囊括了银行部门、证券市场流动性、非银行金融机构、企业、家庭、房地产市场和保险机构。FSI 评价体系不仅让金融监管部门从宏观上监测总体经济的金融风险，而且可以从微观上监测商业银行风险。

3.1.2.2 中国的金融稳定评价框架

我国金融稳定评价体系尚处于初级摸索阶段。在《中国金融稳定报告2005》中，指出维护金融稳定分为监测和分析金融风险，评估和判断金融稳定形势，采取预防、救助和处置措施及推动改革三个层面。层面一，对金融风险进行监测，密切跟踪和分析宏观经济环境、金融市场、金融机构、金融基础设施和金融生态环境极其变动情况。层面二，按照有关评估标准和方法，评估和判断段宏观经济环境、金融机构、金融市场、金融基础设施和金融生态环境对金融稳定的影响。层面三，针对评估和判断结果，采取应对措施。在金融运行处于稳定状态时，充分关注潜在风险、采取预防措施；在金融运行逼近不稳定的临界状态时，采取救助措施，对有系统性影响、财务状况基本健康、运营正常、出现流动性困境的金融机构提供流动性支持，并通过重组和改革、转换机制，促使这些机构健康运行。在金融运行处于不稳定状态时，积极迅速采取危机处置措施，对严重资不抵债、无法持续经营的金融机构，按市场化方式进行清算、关闭或重组，强化市场约束，切实保护投资者利益，维护经济和社会稳定。同时，针对薄弱环节，及时推动经济体制、金融机构、金融市场、金融基础设施和金融生态环境方面的改革，通过全方位的改革促进金融稳定。

目前，我国金融稳定的评价框架尚在构建之中，多角度出发的指标体系正在建立之中。多数研究者认为，我国金融稳定评价框架应综合考虑国外金融稳定评价体系再兼顾我国金融市场经营的特点，因此，完整的金融稳定评价框架应包括微观审慎指标、宏观经济金融指标和金融生态环境指标三方面。基于这一思路，不少文献进行了有益的探索。如，谢平、许国平、李德（2001）根据国有独资商业银行的特点，从商业银行风险评级的角度进行指标设计，重点从营利性、流动性、资产质量和资本充足率等方面进行了考察。2005年，北京大学"系统性金融风险与中国经济安全"课题组也从定量的角度对我国系统性金融风险的程度作评价，深入剖析中国系统性金融风险产生原理，针对货币危机、银行危机和债务危机进行指标设计。

3.1.2.3 与金融稳定相关的宏观要素

1. 财政与金融稳定

财政赤字通过外部经济环境、赤字弥补方式和赤字融资的效率问题来影响金融稳定。当经济运行总需求不足时，由政府增加财政支出的扩张性政策而引起的赤字会导致收入增加、改善经济基本面、提高一国总体收入水平。但同时，却可能对私人投资类产生影响，从而导致金融稳定程度发生变化。如，刘仁武（2007）阐述了私人投资量与私人储蓄量的大小关系如何影响金融稳定。当然，赤字财政也并不一定会导致金融不稳定。陈志武（2006）通过量化历史研究指出，清末时期，我国财政盈余却引发了金融危机，反观英美却在财政赤字下实现经济增长，成为强国。陈志武（2006）提出，在赤字融资的利率小于赤字融资支出效率或国家投资效率的条件下，借助金融技术，赤字政策反而可能带来国家的民主和发达。

此外，财政还可能通过税收政策影响金融稳定。在税收方面，过重的税负会导致金融不稳定。具体表现为金融机构的利润降低、金融机构的自我积累能力受限、国际竞争力降低、金融交易显露疲态。从宏观经济运行来看，当政府支出效率小于私人投资边际收益率时，也不利于金融稳定。

2. 货币与金融稳定

Anna J. Schwartz（1998）指出，当货币政策实现币值稳定时，可以降低金融不稳定发生的概率。在这种情况下，即使发生了金融不稳定，仍然可以降低金融不稳定的严重程度。Boriohe 和 Lowe（2002）则提出货币稳定可以减少通货膨胀的压力，稳定价格和工资。Herrero 和 Rio（2003）考察了 79 个国家之后，得出结果：当央行专注于货币和价格的稳定时，可以降低银行危机发生的可能性。另外，根据货币政策，银行等金融机构通过对企业和居民的贷款数量、投向及其利率浮动调整来影响宏观经济和金融稳定。值得一提的是，当中央银行采取宽松的货币政策时，物价水平将会产生波动，会使得实际财富在双方重新分配。而如果政策不当造成金融机构损失，积累到一定的量时，会造成破产甚至引发银行的挤兑危机进而造成金融不稳定。

3. 汇率与金融稳定

一些学者认为汇率制度的弹性有利于实施稳定的货币政策，进而有利于金融的稳定。在固定汇率制度下，政府维持汇率的承诺将导致资本的大量流失和债务增多，降低国民经济对外部冲击的应对能力。相反，浮动汇率可以吸收经济中一些冲击，减轻利率变动的压力，降低对国内生产的影响。Barry Eichengreen（1998）首次提出"中间制度消失论"，指出只有自由浮动的汇率制度，或者非常强硬的承诺机制的固定汇率制度可以永久存在，而那些处于两者之间的钉住汇率制，如汇率目标区、爬行钉住、管理浮动制等都会渐渐消失。Summer（1999）则从"三元悖论"的角度支持中间制度消失论。由此可见，在汇率与金融稳定的关系上面，学术界是众说纷纭，并没有完全的定论。

4. 经济增长与金融稳定

大量的历史研究资料表明，金融稳定与经济增长具有相互促进、相互制约的关系。Gold Smith（1969）指出金融不稳定会破坏经济发展和经济增长，甚至使得经济倒退。Mishkin（1999）也提出经济发展的速度、质量与结构也会对金融稳定产生影响。Raghuram Graham 和 Luigi Zing（1998）认为在上，金融市场和金融机构有利于公司克服道德风险和逆向选择问题，从而可以减少公司的融资成本。Saint Paul. G（1992）通过分析金融和经济增长过程中的均衡性问题，得出当资本存量超过一定值之后，会使金融中介的成本降低，进而促进金融中介资源的使用，进一步促进经济增长；反之，则会抑制经济的增长。同时，当经济增长过快到超过了生产要素内在的增长需求时，金融体系的这种过快发展，会增加风险，积累金融不稳定因素。而当经济增长过慢时，企业经营又会受到影响，导致贷款风险增加，金融机构本身经营问题增多，同样积累金融不稳定因素。简言之，只有持续稳定的经济增长才会带来稳健的经济发展，坚实的实体经济基础，才能促进与之相伴相随的金融体系的发展。

3.1.2.4 与金融稳定相关的微观要素

在早期理论分析中，大多数文献都是从宏观的视角来分析金融稳定和金融不稳定，但从东南亚金融危机开始，越来越多的学者尝试从微观的视角来考察金融稳定问题。显而易见，金融体系的资源配置功能受到了市场交易主体行为、偏好、结构以及环境等因素的影响，所以本节从市场经济中的居民、企业和政府这三方面着手分析金融稳定。

1. 居民与金融稳定

居民通过对自己资金的投资行为来影响金融机构的配置行为，影响金融机构资金的流动性。居民的经济行为主要是通过以下三点来影响金融稳定：第一，居民流动性需求增加时，会导致存款者的挤兑行为，发生银行挤兑，积累金融不稳定因素，Diamond 和 Dybving（1983）提出的 D−D 模型形象地阐述了这个观点。第二，由于存款方对银行信息的缺乏，在无法了解银行资产状况、盈利状况等信息之下，当银行的负面信息出现时，由于无法求证，容易作出错误的判断，发生群体性的挤兑行为，影响银行稳定，进而影响金融稳定。第三，从行为金融理论上分析，当个人理性行为与集体理性行为冲突时，容易造成集体不理性，比如金融市场上的资产抛售行为。这种难以协调的冲突导致金融部门内在的脆弱性。另外，居民的资产结构分布状况、收入情况、受教育程度、居民的社会福利状况等都会影响居民的经济行为，进而影响金融稳定。

2. 企业与金融稳定

企业作为资金的需求方，其对于资金的需求容易从以下三点来影响金融稳定：第一，企业对预期收益率的不准确估计会引起投资决策偏差较大，一旦投资过高，容易造成过度负债现象。第二，信贷市场上的信息不对称容易造成逆向选择问题，并增加道德风险。当信贷市场中的逆向选择和道德风险问题积累到致使市场不能有效地进行金融资源配置时，容易造成金融不稳定甚至爆发金融危机。第三，企业资产负债率升高、金融资产占企业总资产的比重较大、企业长短期负债结构不合理等问题都容易导致金融不稳定。

3. 政府与金融稳定

政府在金融体系中，不仅是交易方，而且是金融体系的监管方，影响社会资金的配置。以下主要从政府的监管行为，以及政府对企业的干预行为，来分析政府与金融稳定的关系。首先，完善的监管体系有利于金融稳定的维护，其中，监管体系的设计和监管模式的确定至关重要，监管体系的严格与否、监管对象的道德风险问题、分业监管还是混业监管都会影响金融稳定。其次，政府对企业的干预普遍存在，其中"信贷配给"的行为虽然有利于政府集中有限的资源发展优势产业，但这容易导致信贷市场发展过快，银行负债膨胀，经济风险集中于银行业，积累金融不稳定因素。此外，在政府主导型的金融体系下，政府人为压低存贷款利率，使得融资成本低廉，从而导致企业易通过寻租活动使得银行的项目审查、经济评估和风险控制失去真正的作用，最终引发金融不稳定。

3.2 系统性风险的基本内涵

3.2.1 系统性风险的基本概念

3.2.1.1 系统性金融风险的定义

如前所述，系统性风险是一个理解金融稳定的重要视角，也是长期以来金融学研究的重点和焦点之一。然而，目前还没有一个统一的系统性金融风险的定义。早期 Kaufman（1996）将系统性风险定义为一种累积损失的概率。这个概率是由单个事件通过影响一连串的机构和市场造成的，其典型特征是容易引起多米诺骨牌效应，从而使损失扩散。美联储主席 Bernanke（2009）从危害范围大小的角度将其定义为威胁整个金融体系及宏观经济，而非一两个金融机构的稳定性的事件。Mishkin（2007）定义为由于突发事件引起的金融市场信息中断，从而导致金融功能缺失的可能性。De Bandt 和 Hartmann（2000）定义系统性风险为"经历强烈的系统性事件的风险"，其中强烈的系统性事件指受到冲击的金融机构同时崩溃，当然也包括由一个金融机构的崩溃而引发的众多金融机构的崩溃。Trichet（2010）则将金融系统性风险定义为"金融不稳定非常广泛的传播，以至于损害了金融系统的功能和福利，并抑制了经济增长"。Billio（2010）定义为在短期内，由互相关联的金融机构违约而导致的整个金融体系的流动性降低，以及信心缺失。

那么，从以上各种文献所定义的系统性风险可以看出，尽管研究众说纷纭，但其出发点几乎都是系统性风险产生的原因以及所造成的结果，并通过对这二者的研究来确定何为系统性风险。在此，我们不妨将借鉴以上观点，基于系统性风险的起因、传导及影响来总结给出一个较为具体的系统性风险的定义。我们认为：系统性风险首先源于金融体系内部或者外部的冲击震动，这种冲击可能是来自宏观方面，也可能是来自微观方面。其次，在冲击之下，金融体系可能受到直接的负面影响，也可能受到间接的负面影响。比如，冲击可能使得第三方风险暴露，进而由于金融体系内部的相关性（即网络性）传染到各金融机构。总之，风险通过直接或间接传染，最终席卷全部或部分金融系统，造成金融体系的不稳定，甚至引起全系统崩溃，从而形成金融危机，破坏实体经济。

这一定义涉及了系统性风险的生成原因及影响，我们将在以下几个章节中加以具体论述与分析。

3.2.1.2 系统性风险的生成原因

关于系统性风险的成因主要有四类理论解释：金融脆弱性理论、信息经济学理论、外部冲击学理论和货币危机理论。

1. 金融脆弱性理论

Minskin（1975）通过对资本主义社会长达半个世纪的繁荣和衰退的分析，对金融脆弱性理论进行了系统性研究，得出了结论：金融系统性风险导致的危机主要是由金融体系的顺周期性和内部脆弱性导致的。换言之，即是在经济繁荣期，会产生信贷过度、投资过度的现象，隐藏了企业财务状况可能恶化的隐忧，积累了各种可能的风险，最终导致了危机。他根据公司对系统性金融风险的影响大小，将借款公司分为了三类：一是抵补性借款公司。其指的是公司的各项借款刚好可以满足自己发展的需要，在经济繁荣的时候可以支持公司业务的正常运作，财务状况良好，在经济衰退时，也可以通过收缩业务等节约开支来使得公司正常运作。二是投机性借款公司。一般情况下，这种公司的预期收入可以满足信贷借款的需要，经济繁荣时，得益于利率低下，资金、收入来源充裕，公司可以稳健运转。即使在经济衰退的时候，公司也可以通过债务重组来变现一些非流动资产，暂时维持公司的正常运作。三是"庞兹"借款公司（Ponzi Finance Firms）。这类公司在经济繁荣的时候，借助良好的宏观经济环境和高利率，使得公司稳健运转和高速扩张，蒙蔽了投资者的双眼，忽略了其潜在的危险。然而，实质上，在这种信贷供给过快增长的情况下，资产泡沫容易增加，并且各公司间的业务相互关联。因此，一旦遇到利率波动，或处于其他冲击下，经济发生衰退，则会使得这种"庞兹"公司难以维持公司的正常运转甚至破产，进而影响到与其有交易关联的其他公司，从而演变成一系列的风险，并最终变成系统性金融风险。

Kindleberger 从金融市场有限理性的角度来探讨金融体系的脆弱性。他认为，"经济人"整体长远来看是理性的，但短期内他可能是非理性的。在经济繁荣的时候，他会忽略潜在的风险，而持续不断地发展业务和投资，当这种行为普遍化的时候就会累积风险，导致系统性金融风险。一旦受到外部的冲击，很容易造成金融不稳定甚至金融危机。

还有学者分析过金融体系中的银行业的脆弱性。Sulllner（2003）指出银行业是金融脆弱性理论中最脆弱的一部分，因为银行与实体经济有密切的联系，加上银行特有的资产负债的不匹配性和信贷业务的顺周期性，导致了实体经济对银行业有巨大的溢出效应。

2. 外部冲击理论

在前述金融脆弱性导致系统性金融风险的理论的基础上，进一步形成了外部冲击导致系统性金融风险的理论。一些研究者认为，一些经济体本身具有由于资产泡沫和高负债而导致的金融脆弱性，一旦遭遇外部的冲击，就容易产生系统性金融风险。IMF 的 Brenda Gonzalez－Hermosil（1996）将系统性金融风险定义为风险溢出和传染性并导致其他金融机构损失的外部性。这样观点也可以从 Kindle Berger（1994）、Miller V.（1996）、Obstfeld（1997）和 Crockett（1997）的相关理论中得到佐证。

3. 信息经济学理论

信息经济学理论主要是关于信息不对称的理论，由于存款人的理性行为，在其不能得到银行或投资者的正确信息时，会出现信息不对称，加上银行的道德风险，就容易累积成系统性金融风险。

经典理论即是 D－D 模型。该模型指出由于银行经营存在短期负债长期资产的特性，在存款人和银行之间的信息不对称时，存款人会质疑银行的流动性，在银行尚能满足第一批的取款时，为了应对第二批的取款，银行可能低价变卖

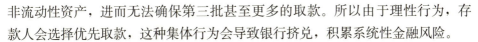

非流动性资产，进而无法确保第三批甚至更多的取款。所以由于理性行为，存款人会选择优先取款，这种集体行为会导致银行挤兑，积累系统性金融风险。

信息不对称产生系统性金融风险的另一种理论则是从道德风险和逆向选择的角度出发的。此处不再赘述。

4. 货币危机理论

货币危机导致系统性金融风险理论主要是以弗里德曼为代表的货币主义学派的危机理论为基础，阐述了银行在高负债和外部冲击的情况下导致银行挤兑事件发生，进而产生系统性金融危机的现象。Turner（1996）、Hermosillo（1996）、Frosdiek（1997）也有相关的理论研究。

综上，根据以上的四种理论，结合之前我们所给出的系统性风险的定义，可以将造成系统性风险的原因总结为三种：

第一，整体性的冲击或震荡。

这种冲击和震荡既可以是宏观层面的，比如说国际政策的变革、国际格局和形势的变化、金融系统环境的变化、自然条件的变化等；也可以是微观层面的，比如特定金融机构遭遇危机、个别组织遭到价格冲击等。这些冲击或震荡将从整体上对于整个金融系统造成负面影响，从而引发危机。

第二，系统内部的传染。

当个别或是部分金融机构遭遇危机，比如说债权问题、操作失灵、价格冲击等，由于这些机构会与其他相关机构有一定程度上的联系，即金融系统具有相关性和网络性，像是通过资产、债权等方面相关联，那么危机就会通过其关联性使得这些相关联的机构也陷入危机中。进一步的，这些相关机构又有着其他发生联系的机构或组织，那么这就会使得危机进一步传染，由此可以推知危机将会席卷这一区域的金融领域，甚至是整个金融体系，进一步可能影响到第三方以及实体经济。这就是系统内的传染，既可以是直接联系导致的传染，也可以是间接联系导致的系统间的传染。

第三，第三方的危机。

这里的第三方是指市场参与者。当金融系统中一家或几家金融机构出现危机时，由于第三方认知和心理因素，为了保证资金的拥有量，可能甩卖某种资产，导致对这种资产的市场预期下降，资产价格不断下跌。这样一来，会造成当拥有某种资产的机构受到冲击的同时，使得系统中拥有相同或类似资产的机构也遭遇风险的现象。

3.2.1.3 系统性风险的影响

金融系统性风险的分类方法有很多，最为常见的是按照造成系统性风险的宏观因素来分，包括政策风险、利率风险、购买力风险和市场风险等。但是由于本节我们要研究的是系统性风险的影响，因此就可以按照系统性风险的表现来分类，包括机构间的风险暴露、整体风险问题、资产价值的浮动、流动性问题和金融基础设施崩溃五个方面。而系统性风险的影响便可以根据这五种不同类型的风险来进行研究。

1. 机构间的风险暴露

机构间往往存在一定程度上的关联性，比如业务和资产方面，此时就会存在金融机构间风险暴露的问题。这样当一家金融机构遭遇风险时，与其有关的金融机构也会面临相似的困境，进而系统性风险将有可能会导致大量金融机构面临风险。在这样的过程中，由于危机问题会导致金融机构资金处于短缺状态，很可能使得其无法还贷或还款，从而导致金融机构的信誉力下降，造成更为严重的危机。

2. 整体风险问题

发生系统性风险时，由于金融系统本身的网络结构具有一定的复杂性，使得其极易传染扩散，这不仅会给金融机构和市场带来信用风险、资金流动性问题，给金融基础设施造成紊乱，而且会从整体上使得整个系统由于流动资金供给双方无法达到供需平衡、市场情绪负面化等原因而无法正常运作。比如发生系统性风险时，金融系统受到了冲击，一些机构的风险暴露，资金短缺，使得支付平台紊乱，无法正常交易，以及形成其他方面的问题，从而导致金融基础设施受到波及，引起一定程度上的紊乱。

3. 资产价值的浮动

发生系统性风险时，会引起市场的重新估值，造成资产价值的波动。这一方面是由于当一家或几家金融机构遭遇系统性风险时，拥有该家机构资产或存在与该家资产相同或相似的资产的其他金融机构的市场预期也会下降，从而使得在重新评估的过程中价值缩水。另一方面是当金融机构在面对资金无法运转的流动性问题时，被迫出售资产的行为一般同时发生，波及范围面广，从而使得市场同时涌入过多的相同或相似资产，而导致资产价值贬值。与此同时，正反馈机制，即逐日盯市制度和自加强机制的作用，也会使得风险放大，造成系统性风险的加剧，扩大其负面影响。

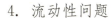

4. 流动性问题

在资产价值的浮动中已经涉及了部分的流动性问题，但在这一点中是要说明的是流动性问题的影响，即其所造成的挤兑和市场恐慌现象。当系统性风险发生时，市场预期下降，由于信息不对称的问题，投资者和债权人无法判断机构是否良好运作的，是否价值存在升值空间，因此他们会一概而论，急于撤回资金，拒绝投资和放贷，造成原本运作良好、具有相当潜力的金融机构遭遇挤兑，造成更大范围的恐慌和挤兑。

5. 金融基础设施崩溃

Bernanke（2009）指出金融基础设施是"金融的管道"（financial plumbing)，用以支持交易、支付、清算和结算，实现金融机构间的相互联系和相互作用。《金融市场基础设施原则》将金融市场基础设施（Financial Market Infrastructures，FMIs）定义为将金融基础设施局限在交易后环节；认为它是参与机构（包括系统运行机构）之间，用于清算、结算或记录支付、证券、衍生品或其他金融交易的多边系统。一些文献进一步将交易环节纳入金融基础设施的范围之中（Leon 和 Perez，2013；Ferrarini 和 Saguato，2014）。由此可见，金融基础设施在金融经济体系中起着不容忽视的作用。安全高效的金融市场基础设施，方便了货币支付清算与其他各类金融工具的清算、结算，进而促进了经济增长，是便利金融市场交易、维护金融稳定性的重要基础。金融基础设施联结着各种市场与金融机构，一旦其出现问题乃至崩溃，则会成为系统性风险的源头和主要扩散渠道。

3.2.1.4　系统性风险的特征

1. 普遍不利性

由于金融系统的网络性，这在之前的章节当中也有所阐述，在此仅简要说明。由于金融体系具有普遍联系的特性，使得系统性风险在这样复杂的金融系统中具有很强的传染性。也就是说，当一家或几家金融机构或是市场、基础设施等出现危机问题时，往往会因为和其他机构、市场或基础设施有一些直接或间接的联系，从而导致风险外溢。此外，系统风险外溢还可能导致最初始的那家金融机构付出更大的代价，使肇事者陷入更深的危机中，进而使得整个金融系统普遍陷入危机和更深的危机中。这就是所谓的普遍不利性。

2. 不对称性

不对称性指的是风险和收益的不对称性，这里有两层含义。第一层较为浅显。众所周知，一方面，系统性风险会给整个金融机构带来很大的损失，甚至会是毁灭性的损失。但另一方面，系统性风险实质上反映了金融系统的问题，它的爆发也就使得问题显性化，在一定程度上对问题是有所警示和纠正的。只是它所带来的正面效果远远小于负面效果，也就是说风险往往会远高于收益。

第二层则在一定程度上考虑了监管方面，因为系统性风险的后果一般来说很难承受，所以市场会借助外部力量来尽力阻止其发生，便产生了监管部门。监管部门为达到良好的风险监控效果，其管理便会较为严苛，这就意味着金融机构会付出很大的成本。举个简单的例子，在对金融机构进行监管时，一般来说，流动资本的掌控和监管较其他方面会简单一些。那么，监管部门就可以规定金融机构所必须持有的流动资本的最低值，以用来抵御可能会到来的风险。那么，这样一来，对一些机构而言，可用的流动资本就会大大减少。也就是说，该机构可以用来投资或交易的资本就会减少。这就意味着，金融机构在获利降低的同时成本增高。显而易见，金融机构的风险成本远高于其收益。

3. 风险放大性

在自然界中存在正反馈，与之相对应在系统性风险中也存在正反馈机制。正反馈机制指的是，情况的演进会与之前发生情况的方向一致，增强和促进效果。同理可知，在金融系统中，当经济情况良好时，市场预期会上涨，使得资产价值增高，致使信贷扩张，刺激经济进一步增强，很容易泡沫化；相反，当经济情况衰退时，市场预期下降，使得资产价值贬值，信贷会紧缩，致使泡沫破裂，进而引起系统性风险。而与此同时，由于信贷的紧缩和风险的出现，会导致放贷者要求借款人以更多高价值的抵押担保品进行担保，当然相应的贷款条件也会加强，这就会使得本就因风险而缺少流动资金的借款者失去更多的获取流动资金的机会，加剧了系统性风险，致使经济状况更加糟糕，系统性风险的问题愈加难以解决。

4. 与市场预期的强相关性

当发生系统性风险，甚至还未到发生风险的程度时，市场会对这些风险作出反应。而这些反应集中表现在投资者、消费者和金融机构对市场的预期。具体来说，当发生风险时，涉及的资产会被进行重新评估。如果预期呈负面效果，那么大多数情况下市场信心会降低甚至丧失，导致预期更加不好。在这种情况下，为保全自身利益，市场的流动性更会急剧减少，使得市场整体下滑，增大系统崩溃的可能。

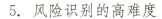

5. 风险识别的高难度

由于金融系统的结构问题，以及其具有较高的复杂性，使得金融监管机构拥有的信息往往是单一的。与之相反，系统性风险涉及的范围又多属于整体，具有网络性。这样一来，就会造成信息和数据很难全面获得，进而使得风险很难被全面识别，造成问题的解决十分复杂和困难。

3.2.2　系统性风险的形成机制

3.2.2.1　系统性风险的辨识

1. 相关理论

由于金融系统具有网络性，所以当其受到冲击或震荡时，很容易会传染到整个系统，造成系统性风险，引起较大甚至很大的负面影响。因此，如何辨识系统性风险，对于提前防范和解决系统性风险，就具有十分重大的意义。虽然，现在还未有一个具体的实施方法可以做到准确地辨识系统性风险。但是，已经存在很多相关方面的理论和分析，并且在不同的方面都有着进步与发展。下面，我们将选取几个比较突出和较易理解、贴近实际的理论来进行具体的阐述。

（1）离散型预警模型。

离散型预警模型是指对宏观环境下所有可能的预警指标进行测试，从中找出作用力较强的预警指标，比如国内利率、房屋价格、长期政府债券收益率等，再根据这些指标建立线性离散模型来对系统性风险进行预警。建模的目的是根据这些指标推断出系统性风险发生的概率和危机发生的可能性。

（2）连续型预警模型。

连续型预警模型与离散型预警模型的相同之处都是通过一些宏观经济指标来对系统性风险发生的可能性做出预测。但其区别在于，模型的结构不再是线性形式，而是非线性形式，即通过离散型的计量方法选择一些最重要的指标，以此来预估系统性风险的影响程度和结果。另外，它还反映出需要对全球和国内的预警指标进行同时监控，已达到更好的监控和预警效果。一般而言，在我国的连续型预警模型中，影响较大、作用力较强的指标有房屋价格、国内外债务、原油价格等。

（3）货币基金组织（The International Monetary Fund，IMF）金融脆弱性预警指标体系。

它是指选择一组经济变量作为指标变量，通过比较他们在遭遇系统性风险前与正常良好情况下的变化情况，来判断金融体系的脆弱性。这些指标变量包括实际汇率、广义货币和国际储备之比等。而根据不同国家的实际情况，IMF给出了产生经济危机的一个一般条件，孙晓云（2014）对这一体系给出了概括阐述，即"如果信贷总量与GDP的比例增加、资产价格上涨、贸易余额与GDP的比重下降、资本充足率下降，就预示着经济危机即将到来"。当然这仅仅是理论上的概念，在实际情况中，还必须要考虑所处的金融市场和体系，以及金融机构间的相互关联和风险暴露程度，以做出最后的评判。

2. 相关指标

如果说以上几点都是理论上的预警，在现实中理论都必须是要结合实际情况的，根据不同的金融机构的规模或是其他因素的影响，也就是说由于不同机构在金融系统中的地位大小，会使得风险的传播具有不同的效果。比如，对于规模较大的金融机构而言，其在风险的传播和传染方面的力度，较规模小的机构就会大很多。因此，对于如何辨识金融机构在金融系统中的地位，也就是说当这家金融机构发生危机、风险时，区别其对于金融系统（包括区域和全球的金融系统），以及实体经济甚至更大层面上的经济的影响程度的大小，是非常重要的。而在辨识这一地位的理论中，最权威的应当属于国际清算银行在2011年11月发布的指标法。

指标法包括5个方面，分别是规模、可替代程度、全球活动、复杂性、关联性强度。其中，某一金融机构在前四方面的大小，可以直接反映这一机构影响金融系统和实体经济的程度，属于这一机构在金融危机中所产生的直接影响；而关联性强度则反映的是这一机构可能产生的间接影响。需要指出的是，这些指标，不仅对于金融系统和实体经济的影响程度的大小存在不同，同时它们之间的相关性也存在差异。表3-2简单列明了这些差异，我们将在下文进行具体的论述。

表3-2 指标法各项指标及其相关性

类别	指标	相关性
规模	总风险暴露	正相关
可替代程度	托管资产	负相关
	通过支付系统或代理行结算的支付额	
	有价证券的承销交易额	

续表

类别	指标	相关性
全球（跨辖区）活动	跨境资产	正相关
	跨境负债	
复杂程度	场外衍生品名义本金	正相关
	第三层次资产	
	交易类和可供出售证券的价值	
关联性	金融系统内资产	正相关
	金融系统内负债	
	批发融资比率	

注：根据国际清算银行相关文献整理

（1）规模。

规模是指金融机构的市场份额，衡量的方式主要是巴塞尔协议Ⅲ中杠杆定律定义的总风险暴露。当金融机构的规模越大，也就意味着其经营范围越广，经营活动愈加复杂。当发生风险时，存在危机的业务、活动或资产无法及时的更正，将会造成更为严重的后果。

（2）可替代程度。

可替代程度是指某家金融机构的作用是否是可以被其他一家或几家机构所取代，换句话讲，就是这家金融机构在金融系统中的作用地位。其衡量方式包括托管资产、通过支付系统或代理行结算的支付额、有价证券的承销交易额等。当金融机构的可替代程度越低时，代表其在金融系统中的作用能力俞强，地位越高，影响程度越深。

①托管资产。

托管资产指托管人（银行）持有的托管资产总价值除以相应银行的资产总值。当托管人持有的托管资产越多时，当其遭遇系统性风险时，所引起的负面效果就越大；同理，当金融机构放出过多的托管资产时，面临的交易对手风险也就越大，意味着当托管人陷入危机中时，其受牵连程度越大。

②通过支付系统或代理行结算的支付额。

这是指金融机构（银行）在主要支付系统的支付结算额除以这家机构或银行的交易总额。当提供支付清算系统的金融机构所涵盖的机构和组织范围面越广，在遭遇系统性风险时，造成的支付平台紊乱影响面就越广，带来的流动性问题愈加严重。

③有价证券的承销交易额。

此指标是指有价证券的承销交易额除以相应金融机构的交易总额。有价证券的承销交易额数量越多，当其遭遇系统性风险时新股发行的困难程度越大，致使风险波及越深。

（3）全球（跨辖区）活动。

全球（跨辖区）活动是指金融机构在全球范围内的影响程度。影响程度越大时，发生危机时越难以解决，以至于风险冲击面越大。

①跨境资产。

根据国际清算银行的规定，跨境资产包括国际资产和银行所在地货币存储的当地资产两个部分。

②跨境负债。

跨境负债的主体包括了所有的同一银行组织的全部负债，这里的负债包括所有非母国居民负债和除公司内部以外的净负债。

（4）复杂程度。

①场外衍生品名义本金。

当非中央集中清算的场外衍生品名义本金即名义价值越大，意味着金融机构的活动涉及越广，复杂程度越大，遭遇系统性风险后很难解决。

②第三层次资产。

在公允会计法则中，资产分为三个层次，其中重要的不可观察测量的资产被称为第三层次资产。它基本不具有流动性。因此金融机构含有的第三层次资产越多，在困境中面临的危机将会更严重。

③交易类和可供出售证券的价值。

该价值越大，面临的风险暴露程度越大，风险外溢发生的可能性越高，在正反馈机制的作用下，发生系统性风险时的折损会更加严重。

（5）关联性。

由于金融系统的网络结构使得金融机构间具有不同程度的关联性，这就意味着一个机构发生危机后可能会引起其他机构和组织的危机，甚至带来更广泛的风险。关联性的衡量指标有金融系统内资产、金融系统内负债和批发融资比率三种。

①金融系统内资产和负债。

当金融机构间资产和负债的联系程度越深，比如拥有相同或相似资产、存贷款关系等，在一家机构遭遇系统性风险造成资产贬值，资金流动性变差时，与之存在资产和负债联系的其他金融机构也将很容易陷入危机中，进而引起更严重的风险。

②批发性融资比率。

当机构批发性融资比率较高时，意味着其对批发性融资依赖程度越深。当遭遇系统性风险时，由于机构资产缩水，流动资金减少，信誉度降低，融资市场提供融资的条件会更加严苛，且提供的融资量会下降，这就会很容易导致这些机构陷入更加严峻的系统性风险中，进而导致实体经济遭遇危机。

3.2.2.2　系统性风险的传导

系统性金融风险的传导机制现在主要有两种观点。

第一种观点认为，系统性金融风险是由一个金融机构或市场的崩溃，然后经过一系列的传染，导致其他金融机构或市场崩溃。一些学者将银行间的经营业务的风险传染视为系统性风险传播的主要途径。如 Elsingeretal（2006），DasguPta（2000）都认为，银行间密切的业务关系是系统性金融风险传播的主要途径。Smith（1991）、De Bandt（1995）、Chen（1999）将单一的银行挤兑模型扩展到多银行系统，研究了由于存款人的理性行为所引起的羊群效应，这是银行间传染模型的一类。Rochet 和 Tirole（1996）提出了关于银行间市场风险的传染机制，表明银行之间的监管也可能会带来传染的风险。实际例子有 Lelyveld 和 Liedorp（2004）对荷兰银行间市场风险传染的研究及 Amundsen（2005）对丹麦银行间市场风险传染性的研究。这些研究都表明了银行间市场风险的存在。比如，一家银行的破产倒闭就有可能对其他银行的运转产生影响。

此外，随着国际银行间支付系统的发展，银行之间通过支付结算的业务也日渐增加。然而，支付结算系统的内部组织结构，也成了系统性金融风险的传播途径之一。比如，在无法及时于交易日支付负债余额的情况下，系统性金融系统便会通过银行间的支付清算系统进行传播。其中，Borio、Van（2003）对支付清算系统给出了系统性的研究。而 Furine（2003）、Shin（2008）研究了在金融机构中，通过资本负债表和证券资产价格，所导致的流动性风险的相互传染。他们还推出了美国联邦储备银行通信系统的传染范围。

第二种观点，主要是强调风险是同时发生的。这一观点认为在宏观经济风险下，金融机构或金融市场可能出现共同崩溃的现象。风险会在经济繁荣时积累，由于外部冲击，在某个点爆发，形成全方位的、持久的对经济的影响。Bernanke（1999）、Kiyotaki、Moore（1997）都对此有相关的研究。Honohan

(1997)、Gourinchas（2001）和 Eicchengreen、Arteta（2000）则研究了信贷繁荣对系统性金融风险的影响，研究表明这类风险大多是在经济繁荣的环境下产生的。在经济繁荣期，得到信贷的门槛会随之降低，导致信贷借款量增多，进而造成资产价格泡沫，并容易形成集体性的金融市场的崩溃。

综上，根据上面的这两种观点，系统性风险的传导大致可以分为三类，分别以市场为基础出发、以机构为基础出发、以基础设施为基础出发，下面进行具体说明。

1. 以市场为基础出发

（1）市场间的传导。

系统性风险在市场间迅速的传染，主要是通过信息传导、市场预期和心理等因素的作用。当发生系统性风险时，市场预期下降，市场信心下降，一方面使得市场流动资金快速减少；另一方面市场上相关资产的价值也会发生变化，其价值通常会因为丧失流动性而缩水。这样一来，会造成其他被关联的市场（与肇始的市场有直接或间接联系的市场）中的预期也紧跟着下降，同时发生相似的现象，以此类推，系统性风险便在市场间迅速传染。

（2）市场到机构的传导。

当系统性风险发生时，市场中的资产价值会发生大幅波动，从而给各个金融机构从不同方面带来不同程度的损失。

首先，机构的收益会发生折损。理由很简单，一方面，当资产发生贬值时，机构中相同或相似的资产同样会发生贬值，造成机构的收益下跌。另一方面，当经济状况衰退，市场情况恶化时，机构的利润率会随之下降。同时，由于投资者和债权人拒绝投资和放贷，机构从这样的交易过程中可以获得的利益就会大范围下降，其他业务也会随之发生一定程度的折损。

其次，投资者和债权人拒绝投资和放贷时，市场中的流动资金会大幅减少，这就会使融资市场受到冲击，进而使得资金流动更为困难，给机构带来更大的危机。

最后，机构在正常经济状况下，为避免风险以获取更高利益时，常常会采取资产组合的方式进行投资。这样一来，在发生风险时，可以进行有效的风险对冲，以保证自己的利益不受到严重的冲击和折损。但是，如果系统性风险的辐射范围很广，在经济状况非常糟糕的情况下，资产组合中的所有资产都将可能面临危机，进而使得资产组合和对冲等保护机制失效，造成更大的损失。

（3）资产价值到市场基础的传导。

系统性风险发生时，资产价值会降低，从而使得抵押担保品的价值下跌，而交易者为维持交易需要进行平仓以弥补差额，或是提供更多或更高价值的抵押担保品。然而，交易者若未能采取这些弥补措施，他们的抵押担保品就将被售卖以保证交易另一方的利益。在这种售卖的资产种类和规模都比较大的情况下，就意味着被售卖的抵押担保品将面临再一次的贬值的风险，这将使得系统性风险危及整个市场的基础。

2. 以机构为基础出发

（1）机构间的传导。

金融机构间的相关联系较为复杂，因此系统性风险发生后，在机构间的传导方式较多也较复杂，不妨将其分为内部和外部传导来进行研究。

首先是内部传导，主要有股东问题和信贷风险问题。

股东问题是指金融机构中很多都会涉及跨国参股，或是集团总公司和子公司参股等问题。这就意味着，当本国或另一国的子公司或分支机构遭到冲击和震荡而发生危机时，这个危机也会影响到总公司，进而扩散到整个集团或公司；同时，当总公司或整个集团遭遇风险时，子公司亦无法避免地会受到冲击，甚至更快地破产。

信贷风险问题即为风险暴露问题，当一家机构的风险暴露时，与之有业务或资产关系的另一家机构也会面临着同样的风险暴露问题，特别是处于借贷关系时。

其次是外部传导，这并不是传统意义上的外部，而是指遭遇风险时寻求外部资金援助时会遇到的风险或是造成的风险，主要有流动性问题、应急信用额度、存款保险和支付服务系统（金融基础设施）。

金融机构在面对系统性风险时，一方面，由于他们的流动性资金减少，他们常常会寻求融资机构和市场的帮助，这就会对融资机构和市场造成冲击。另一方面，融资机构和市场常常会因为担心该机构没有还款能力，而减少甚至是拒绝为其融资。这样一来，这些出问题的金融机构就不得不面临出售资产和启动紧急援助的状况。这些应急援助包括了使用应急信用额度、采用存款保险等。但这些应急援助措施在系统性风险面前，也都存在着不同程度的局限性。

例如，应急信用额度虽然可以有效解决流动性资金短缺的问题，但是这是由担保人所担保的。一旦担保人也出现问题，比如担保人所在机构也遭遇系统性风险时，应急信用额度就会失效。

存款保险也是一种可以减轻危机的有效措施，然而存款保险的涉及范围有限，而且当没有预先提供存款保险时，在危机过后想要采用存款保险时，就必须面对大量的成本问题（这里也涉及了保险溢价问题）。总之，这可能会造成原本就在风险中遭遇重大打击的机构面对更大的危机，甚至可能破产。

此外，当提供支付系统的机构遭到冲击，陷入危机，同时又无其他可替代性机构时，其他依附的机构也将面临交易无法正常进行，甚至其他更大的风险问题。

（2）机构到市场的传导。

机构到市场的传导可以结合机构间的传导来看，主要分为三个方面。

首先，金融衍生品一般会起到风险对冲的作用。但当机构遭到系统性风险时，一旦引起金融衍生品的做市商也面对冲击和震荡，就容易使金融衍生品市场的运行也受到波及，从而无法正常运作。

在机构之间存在信贷风险暴露问题，相应的在机构和市场之间也存在信用问题，即信用违约互换市场的违约问题。总之，当金融机构遭遇系统性风险时，可能会造成很多合约无法正常继续，引发信用违约互换合约市场的紊乱，同时也会反作用于金融机构，使其境遇更加危急。

同样在机构间的传导中涉及流动性管理的问题。如前所述，机构在走投无路的情况下可能可以通过出售资产来解决其当前面对的资金流动困境。在极端情况下，这就会造成大量的金融资产在市场上售出，从而造成贬值。同时，在逐日盯市制度下，这将会对整个金融市场的资产价格造成严重的冲击并引起大范围波动，进而引起金融市场和系统的风险。此外，正反馈机制的作用，还会使得该种风险被放大，造成更为严重、不可挽回的后果，这一点将会在之后的放大机制中进行更为详细的阐述。

（3）机构到基础设施的传导。

机构到基础设施的传导主要是通过支付系统进行的，指的是机构间缺少交易保护机制，致使整个市场面临无法同步支付、实时总额结算、货银对付等问题。简言之，如果一家机构面对风险，导致其支付清算系统无法正常运作，这就会给金融基础设施带来严重的业务运作干扰，甚至是直接破坏金融基础设施。当然，如果市场具有一定的保护机制，这种危机的影响作用就会被大幅降低。

3. 以基础设施为基础出发

（1）基础设施间的传导。

基础设施间通过通信系统、技术、配套服务进行连接，使得基础设施间关系密切。这就意味着当一个基础设施发生风险或是其中连接的某一个关键环节出现了问题，就会导致与之相连的几个系统和基础设施都会受到冲击和影响。

（2）基础设施到市场的传导。

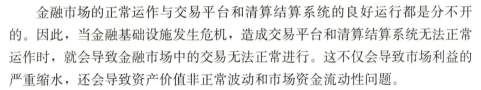

金融市场的正常运作与交易平台和清算结算系统的良好运行都是分不开的。因此，当金融基础设施发生危机，造成交易平台和清算结算系统无法正常运作时，就会导致金融市场中的交易无法正常进行。这不仅会导致市场利益的严重缩水，还会导致资产价值非正常波动和市场资金流动性问题。

（3）基础设施到机构的传导。

这里主要是指当金融基础设施发生风险，就可能会导致出入款延迟和交易延迟，进而导致资金流动性问题，造成金融机构的信誉下降的同时使机构的收益发生较大的折损。

3.2.2.3 系统性风险的放大

一个完整的体系或系统一般都具有自我调节机制，使其在面对问题或危机时在没有外部作用和帮助下，可以自我调节恢复正常良好情况，不会陷入更深的危机中，导致体系或系统的瘫痪。但是，在实际情况中，通过几次金融危机的爆发都可以看出，当系统性风险爆发时，其后果一般都很严重。这就意味着虽然自我调节机制启动并发挥了作用，但是效果却被掩盖或是说被压制和抵消。那么，就可以推断出在发生系统性风险时，一定存在某些机制使得风险被加强，或者更具体的讲是风险被放大。因此，根据这些放大机制的不同来源，大致可以将放大机制分为以下四种。

1. 正反馈制度

在前文描述系统性风险的特征中，我们提到了风险放大性，其中已经简单提及了正反馈机制。所谓正反馈制度主要指的是逐日盯市制度和抵押权制度、担保制度。下面，我们将进行更具体的阐述。

逐日盯市制度是指在每个交易日结束后进行盈亏计算，抵押权制度指要将一定的财产作为债权的担保，担保制度则是为保证合同的良好履行和双方权益而存在的。在经济条件恶化，发生系统性风险时，有一定联系的抵押担保物将会被贬值。这就意味着在逐日盯市制度下，会对金融机构提出更高的抵押担保品的条件要求。可见，在这些制度下，在系统性风险下本就流动资金紧张的金融机构愈加难以拥有更多的流动资金，进一步加剧其资产负债表的恶化，使得金融体系恶性循环，给实体经济带来更加严重的冲击和负面影响。

2. 杠杆效应

根据 MM 定理，债务比例上升时公司面临的风险也会增加，即所谓的高风险高收益，这就是公司杠杆。由于高杠杆意味着高收益的同时使得公司面临的风险增加，冲击承受能力降低，因而当他们在遭遇系统性风险时，资产价格波动幅度会很大。简言之，当处于高杠杆时，市场预期很容易高估资产而忽略了风险问题，使得公司错误地进行资产负债配置，使得公司面临更严重的危机；反之，当处于低杠杆时，市场预期不尽如人意，公司流动资金减少，资产价值下降，而且很有可能造成公司大量抛售资产等严峻问题，进而导致公司发生危机的可能性大幅增加。

3. 委托代理问题

在金融系统中，金融机构的所有人和经营人不同是一种很常见的现象，由于两方立场不同，都会寻求本身利益的最大化，这样就会导致委托代理问题。其中一般还会涵盖接下来将提到的信息不对称问题。总之，由于经营者所了解和掌握的信息一般要多于所有者，因此经营者在进行企业运作时常常会追寻自己利益的最大化，而非所有者利益的最大化。与此同时，现实中经营者所需要承担的风险远远小于所有者，甚至是几乎完全不用承担风险。这样一来，在面临系统性风险时，经营者很可能选择放弃公司利益，而为自己在这场风险中获取最大可能的安全和尽量多的利益，也就是会产生所谓的道德风险，使得系统性风险加剧。尽管金融机构、市场会制定一些激励约束措施，促使经营者为公司寻求最大利益，比如说相应的股票奖励等，但是这仅仅是鼓励，是对问题的缓解，而非解决。所以系统性风险的放大问题在这一方面需要更多的思考。

4. 信息不对称问题

顾名思义，信息不对称是指由于利益双方获取的信息不同而导致的问题。除了在委托代理中所涉及的信息不对称外，在金融市场上很常见的是债权人和投资人的问题。在市场中，相较于内部人员而言，债权人和投资人获取信息的渠道窄，成本很高，而且最终获取量一般少于并且晚于内部人员，从而导致他们在市场中更为警惕和敏感。因此，当遭遇系统性风险或疑似系统性风险时，他们往往会在第一时间撤回资金，不再投资，以确保自己利益的最大化。那么在这样的情形下，不单单会造成一类或多类资产的挤兑现象，更严重的是会使得市场情绪急速下降，甚至造成市场恐慌情绪的出现，从而使得资产价值贬值加速，系统风险的负面影响加剧。

综合以上四点，由于内部或外部的冲击或震荡造成系统性风险时，正反馈机制会对其作出迅速的反应，使得抵押担保物价值贬值，贷款条件提高。当正反馈机制覆盖面达到一定程度时，就会使得资产价格大幅下跌，部分机构面临挤兑问题，大部分金融机构的资产大幅缩水。这些问题在部分机构会更为严重。例如，那些原本就在系统性风险中遭遇损失的金融机构会面临更多的损失和更严峻的形势；再如，对于那些具有高杠杆的金融机构，他们的承受冲击和压力的能力往往弱于其他杠杆较低的机构，可能面临更大的风险问题。与此同时，由于信息不对称，市场负面预期增大，甚至产生市场情绪恐慌，进而使得系统性风险被大幅度放大，情况加剧恶化。

4 老龄化影响金融稳定的基础理论

4.1 老龄化背景下的生命周期理论

老龄化对金融稳定的影响离不开老龄化对储蓄率的影响。储蓄是一种社会经济行为，广义上的储蓄等于一定时期内国民总收入减去消费，包括家庭、企业、政府以及国外部门。狭义上的储蓄仅指家庭部门（家庭和个人等同）的储蓄，也是本章讨论的重点。

关于储蓄的动机，凯恩斯在《就业利息和货币通论》中提出了 8 种：为了不时之需的准备金，为事先预料到的大额开支做准备，为了获得利息和财产增值，为了未来的事业发展和独立生活，为了投机业务积累本金，为了留下遗产等。概括起来就是谨慎、远虑、筹划、改善、独立、进取、骄傲和贪婪动机。为了确定合理的储蓄量，人们最早通过生命周期储蓄理论来研究分析跨期财富的分配模式。本节将在梳理生命周期储蓄的理论的基本思想与演进路径的基础上，基于储蓄率与通货膨胀率这两大要素，剖析人口老龄化对金融系统稳定可能导致的影响。

4.1.1 生命周期储蓄理论的基本思想

最早，凯恩斯在研究消费与储蓄的关系时提出了 3 个观点：①在边际消费倾向的影响下，人们在获得额外一单位收入，只会消费掉其中一部分，并将剩余部分储蓄起来。②平均消费倾向随收入的增加而递减，即富人的储蓄率会比穷人更高。③收入是消费的主要决定因素，并且利率对消费没有影响。古典经济学家认为高利率会增强人们储蓄的动机，但是凯恩斯认为利率变化不会改变短期收入，因而不会改变消费水平。

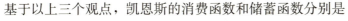

基于以上三个观点，凯恩斯的消费函数和储蓄函数分别是

$$C = A + cY$$
$$S = Y - C = (1 - c)Y - A$$

其中，C 是消费，Y 是可支配收入，c 是边际消费倾向，A 是一个常数。

但是，后续的研究者发现平均消费倾向似乎并不随着收入的增加降低，家庭长期的平均消费倾向比较稳定。

Modigliani（1954）提出了经典的生命周期理论——在预期他一生的平均消费的基础上，消费者将选择一个合理的、稳定的消费率。Modigliani（1954）认为退休是人在一生中收入发生变化的重要原因之一。大多数消费者在年轻时才有工资收入，而年老时只能依赖个人储蓄。为了保证他们的生活水平和消费水平不在退休后有大幅度下降，人们必须在年轻时进行适当储蓄，以用于老年生活的种种花销，即人们需要把各时期的消费控制在合理的范围，尽力平衡一生的收支状况。显然，最优的状况是人们既不在年轻时过度压抑消费的欲望，也不让自己在暮年陷入窘境。

为了实现这一点，Modigliani（1954）进行了数学化的推演，其演进逻辑建立在如下几个假设的基础上。

首先，效用函数是同质的，且边际消费倾向是稳定的；其次，人们不会继承遗产，亦不会留下遗产；第三，人们从出生就开始工作，直至老年退休；工作期为 L 年，每期收入恒等于预期 $Y_i = Y_e$；退休期时长为 R 年，收入为 0；此外，没有人口增长和工资增长，不考虑家庭借贷和储蓄的利息，也没有通货膨胀。

根据以上假设，在退休前，一个人当期的收入大于一生的平均消费预期，则超过消费的收入可以用于储蓄。退休后没有了收入，老年期所有的消费源于工作期的储蓄。因此，他在年轻时的储蓄需恰好弥补他在老年时的负储蓄，容易得出：

个人每期消费 $C = Y_e \cdot L / (L + R)$

个人每期储蓄 $S = Y_e \cdot R / (L + R)$

若考虑人口净增长率为 a，经济增长率为 b，期初人口为 p_0，期初收入为 y_0，仍不考虑借贷和利息，那么，在 t 时期的总人口就为 $p_0 e^{at}$，个人收入为 $y_0 e^{bt}$。

以一个完整的生命周期来计算，由于工作期为 L，那么总收入 Y 应当包含 $[t - L, t]$ 时间段内的工作人群的收入之和，即：

$$Y = \int_{t-L}^{t} p_o \mathrm{e}^{a\tau} \cdot y_0 \mathrm{e}^{b\tau} \, \mathrm{d}\tau$$

由于生命周期为 $L+R$，所以总消费 C 应当包含 $[t-L-R，t]$ 内所有年龄段人群的消费之和，即：

$$C = \frac{L}{L+R} \int_{t-L}^{t} p_o \mathrm{e}^{a\tau} \cdot y_0 e^{b\tau} \, \mathrm{d}\tau$$

对以上两式求积分，可得储蓄 S 与收入 Y 的比值为：

$$\frac{S}{Y} = 1 - \frac{C}{Y} = \frac{R\mathrm{e}^{(a+b)L} + L\mathrm{e}^{(a+b)R} - (L+R)}{(L+R)\mathrm{e}^{(a+b)L} - (L+R)}$$

因此，当 $(a+b)=0$ 时，可得消费 C 与储蓄 Y 的比值为 1，此时储蓄 S 为零。表明社会在职人员的个人储蓄恰好等于已退休人员的消费。

考虑 L 为 40 年，R 为 20 年的情况：当 $(a+b)=0.01$ 时，储蓄率为 8.8%；当 $(a+b)=0.02$ 时，储蓄率为 15.4%；当 $(a+b)=0.03$ 时，储蓄率为 20.3%。由此可见，当 $(a+b)>0$ 时，储蓄率为正，并且人口和经济增长越快，储蓄率也会越高。

由此可见，如果社会人口和经济增长均处于静态，那么中、青年人储蓄恰好会被已退休人员的消费所抵消。一旦人口和经济保持增长，那么年轻人的储蓄就会大于老年人的纯消费，积累社会储蓄。所以，根据生命周期储蓄理论，储蓄和消费一定程度上依赖人口的年龄分布。如果未来社会老龄化越来越严重，那么社会净储蓄会呈现由多到少的变化过程；如果社会人口处于上升阶段，即婴儿的出生率很高，那么在职人口比例大于退休人口比例，于是社会净储蓄逐渐增加积累，这种年龄对储蓄的促进作用被称为内瑟效应（Neisser Effect）。

若继续引入贴现率、消费者偏好、波动率偏好等因素后，简单的生命周期理论可以更贴近现实地反映在一段连续时间内如何分配代际资源。总之，Modigliani（1954）把个人的收入和储蓄与社会的收入和储蓄分开来看，认为"收入、消费的跨期均衡约束"是用于解释储蓄行为的关键因子。

与所有基础理论一样，生命周期理论建立在严格的假设前提基础上，这导致理论推演与实证结果并不完全一致。例如，在较发达的国家，金融市场也比较发达。个人消费信贷市场对个人信用评估体系健全，社会保障较完善。在其中的一些国家，老年人储蓄主要通过养老保险来实现，这降低了储蓄率。此外，显而易见，在现实中，人的消费和储蓄行为会受到多种因素影响，具有很大的随机性和不确定性，因此实证数据并不完全支持经典的生命周期理论。

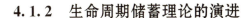

4.1.2 生命周期储蓄理论的演进

Friedman（1957）通过实证研究发现：消费水平时间序列的波动性远没有凯恩斯预计的那么高。因此他对凯恩斯的边际消费倾向产生疑问，提出了"持久收入假说"（PIH）。

他把收入分为持久收入（permanent）和即期收入（transitory）两种。持久收入等于未来预期收入的均值，与长期经济形势和人的职业能力有关，比如一个人职位晋升得到了每年 5 万元的收入增加。即期收入用于描述"意外的"、"偶然的"收入变化，属于对平均收入的随机偏离，比如彩票中奖带来的意外收入。PIH 模型的核心如下：

$$c_p = k(i,w,u)y_p$$
$$y = y_p + y_t$$
$$c = c_p + c_t$$
$$\mathrm{cov}(y_p,y_t) = \mathrm{cov}(c_p,c_t) = 0$$

其中，i 是家庭贷款利率，w 代表非人力资源在收入中的比例，u 反映收入增加后的消费偏好。

家庭通过对持久收入和即期收入的比较来决定储蓄和消费水平。如果消费高于（低于）持久收入，那么家庭通过借贷（储蓄）来平滑消费的暂时性波动。即期收入也可以充当缓冲器的作用。因此家庭的储蓄水平是由即期收入和持久收入共同决定的。持久收入理论从侧面说明了平滑其一生中消费水平的合理性。

"持久收入理论"的不足之处在于消费者往往难以准确地预测持久收入和即期收入函数，其消费水平和储蓄水平往往于预测值波动较大，尤其是低收入人群的储蓄对即期收入的变化更加敏感。

Modigliani 本人也对生命周期假说做了后续完善。Modigliani（1976）将生命周期假说从个人储蓄推广到了整个社会的储蓄消费层面进行分析，同时取消了一部分原先严格的假设，更贴近现实地分析了社会储蓄的变动。

尽管如此，仍有学者对生命周期假说提出质疑。Froyen（1990）就认为：①对于个人而言，由于信息不对称，个人不太可能在之前就准确知道一生的真实收入状况，并以此决定每期的储蓄和消费。②个人不太可能根据预期收入和实际消费需求的差别随时借入资金弥补差额，使得他在生命结束时恰好达到收支平衡，平滑消费。

Kotlikoff 和 Summers（1981）使用了大量美国人口、工资、消费、政府税收，代际间转移的历史数据来估计不同年龄阶段人群消费和储蓄情况。以1974 年为例，美国的非机构家庭财富总量为 3.884 万亿美元，"生命周期理论的储蓄财富"（LCW）至多 8000 亿美元，占美国财富总量的一小部分（不超过 20%）。显然这与经典生命周期储蓄理论有偏差。

为了解释家庭财富与生命周期储蓄的差值，Kotlikoff 和 Summers（1981）提出了代际财富转移的概念，用代际间的财富转移（主要是老年人留给年轻人的遗产）来表示家庭财富中高达 80% 的缺口。即

$$W = T + L$$
$$W = T + E - M - C$$

其中，W 是家庭财富总量，T 是代际间财富转移，L 是生命周期定义的储蓄，E 是收入，M 是闲暇的价值，C 是家庭消费。

因此，个人的效用函数中应当含有代际间转移的对后辈的福利效应，表明遗产是利他行为。这与社会调查的结果也十分吻合，在有利可图的生意中让儿子当合伙人、送他们上大学、嫁妆等都是可以视为广义上长辈对晚辈的财富转移。

区分开生命周期理论的储蓄和代际间财富转移对于解释许多重大经济问题有显著效果，比如跨国债务的压力，社会保险基金的作用，征税范围的确定，以及财富不平等的长期性。

在后续的研究中，遗产动机的强弱成了学界争议的焦点之一。Galeandscholz（1994）从 1961 年到 1986 年进行了大量的收入来源调查，发现在前 10% 富有的人群中，只有不超过 15% 的储蓄来自礼物馈赠和继承遗产，绝大部分储蓄来自个人收入。1964 年和 1982 年的两项研究均表明储蓄的原因主要是应对紧急事故，为退休生活做准备以及支付教育经费。通过整理分析数据，他们认为继承的遗产不会超过家庭财富总量的 30%，这一结果对于年收入从 1 万美元到超过 10 万美元的家庭都适用。若再加上来自父辈的礼物、学费支出，甚至是平日的生活补助，父母为子女的支付可能会高达 51%。

Gale 和 Scholz（1994）也认为，储蓄的动机不仅仅是保持老年时必要的消费水平，平滑一生的收入，也应当考虑应急动机和遗产动机，这应成为后续研究生命周期储蓄理论的方向之一。此外，他们还认为人们的实际寿命可能小于预期，即使最理性的消费者也会因此留下一笔意外遗产，单凭这一点就足以说明传统生命周期理论储蓄理论的缺陷。

总之，思考"遗产动机"的强弱具有较强的政策价值。"遗产动机"强与

弱会使得美国提高社保福利的做法产生完全不同的效果。假如像 Koltlikoff 和 Summers（1981）所述，为后代留下遗产能提高老年人的效用期望，那么改善社保福利会使老年人储蓄得更多；而如果人们并不热衷于留下遗产，那么提高社保福利会促进他们的消费。

一些实证研究也为理论演进提供了有益的思考。如，Mirer、Menchik 和 David（1983）、Kurz（1984）都通过横截面板数据的实证研究发现，老年人的财产往往还会有明显的增长而不是减少，他们之所以不必消耗年轻时的储蓄，是因为退休后人们对于商品和服务的消费会比处于工作期的年轻人少，从而增加了储蓄率。换句话说，如果不同年龄段人群的年收入相同，那么应当是老年人储蓄最多。

Thurow（1969）通过实证数据，观测到历史上某些时期收入和消费均呈倒 U 形曲线。因此，他提出了生命周期内收入再分配的新模型。他假设人们对未来消费的偏好程度是决定当前储蓄的唯一动机，并研究了 Fisherian 条件：

$$\frac{MU_e^i}{MU_e^j} = (1 + r_1 - r_2)^{j-i}$$

其中，$j > i$，MU_e^i 是第 i 年的边际消费效用，MU_e^j 是第 j 年的边际消费效用，r_1 是第 i 年到第 j 年的市场利率，r_2 是第 i 年到第 j 年的个人消费偏好系数。

在 Fisherian 条件下，如果一个人预计未来的消费需求越多，或者说他认为未来消费带给她的效用更多，那么 r_2 会越大，那么 $\frac{MU_e^i}{MU_e^j}$ 就越小，未来消费的边际效用 MU_e^j 就越大。

为了估计不同年龄阶段最佳消费量和储蓄量，Thurow（1969）借助零储蓄（zerosaving）这一工具，估计除了两种消费－储蓄模式。他首先定义了两种零储蓄。第一种零储蓄是指消费等于当前的税后收入，第二种零储蓄定义是消费加遗产加个人保险支付等于税后收入。

他进而认为，在第一种储蓄定义下，人们的最优选择是把 35～75 岁的多余储蓄分配到 19～35 岁和 75～80 岁的阶段使用。原因在于 20～35 岁的年轻人需要养家糊口，购置各种耐用消费品，其娱乐享受的消费也在这一阶段达到顶峰。第二种储蓄的定义下，人们的最优选择是把 47～68 岁的多余财富分配到 19～46 岁和 69～80 岁弥补资金缺口，原因是人们在中年时期应对风险和不确定性事件的能力最强。

Thurow（1969）认为人们在年轻时有很大的消费需求，他们往往处于负储蓄甚至零储蓄的状态，收入再分配对年轻人来说至关重要。所以他建议政府放宽各种消费贷款的限制，提出了通过提高税率来补偿消费贷款做法，以及增加公共开支里对儿童的补助金。

Carroll 和 Summers（1991）基于低频数据进行了实证分析，结果显示，在短期内来看，储蓄作为平滑收入的缓冲器的确能够应付突如其来的收入锐减。但他们也指出，尽管低频数据的分析结果与经典假说的结论基本一致，但经典的生命周期理论可能仍不能准确地描述储蓄行为的全部规律，毕竟储蓄、消费、与家庭财富的变化可能并不同步。在后续的研究中应该针对不同类型的消费者研究，更细致地研究各种典型的储蓄行为模式。

综上所述，由于经典的生命周期理论没有融入更为真实的社会现实，比如偏好，贴现率，对资产波动律的厌恶程度以及家庭消费贷款的选择，所以仍有很大的演进空间。

4.1.3 老龄化对金融稳定的影响

4.1.3.1 老龄化对储蓄率的影响

1. 国外文献回顾

储蓄率一直是现代经济金融学研究的重点，它与长期经济增长速度密不可分。如果消费超过了收入，人们便没有多余的资金用于投资。因此，储蓄率过低必然危害经济的可持续发展，即使当一国经济处于飞速发展的黄金时段也应当警惕。

如前所述，储蓄率分为广义和狭义两种，其中狭义的家庭储蓄率是我们关注的焦点，而家庭储蓄率受到众多因素的影响，比如利率、可支配收入、居民消费信心等。前述大量研究也表明，人口年龄结构尤其是老年人抚养率也会影响储蓄率。

由前述理论模型部分可见，Modigliani 和 Brumberg（1954）的生命周期假说早已经蕴含着人口老龄化的影响。在生命周期模型中，理性的消费者出于预防性动机的考虑，根据其个人或家庭一生全部的预期收入来安排其消费和储蓄行为。为了实现整个生命周期内效用的最大化，对个体消费者来说，边际储蓄倾向会随着年龄的增长呈现先上升后下降的趋势。后续的研究者们把这一作用称之为老龄化的负担效应。

近数十年来，随着人们的预期寿命越来越长，生育率越来越低，全球老龄化现象日趋明显。特别是在部分发达国家，早在 20 世纪 60 年代就出现了老龄化趋势，所以国际上关于老龄化负担效应的研究也就汗牛充栋。

如，Nathaniel（1969）最早发现老年人抚养率和家庭储蓄率呈现负相关关系，认为老年人抚养率每升高 1%，大约会引起家庭储蓄率降低 1%。Katagiri（2002）通过对 OECD 国家的调研，估计老年抚养率增加百分之一会导致私人储蓄率下降约 0.3%。此外，Higgins（1997）也指出了老龄化对储蓄率的负效应。Loayza（2000）也通过实证分析得出类似的结论。

但 Weil（1994）认为各国储蓄率的变化并不一致。他认为，由于老年人的消费需求下降以及各种养老保险和养老金账户出现，老年人的储蓄应当逐年增加。而老年人的消费需求及其各种社会保障制度存在国际差异，这使得老龄化对储蓄率的影响在各国不尽相同。根据他的研究结果，美国 65~75 岁老年人的储蓄率逐渐降低，而日本老年人直到 75 岁以后储蓄率才会逐渐降低。相反，部分欧洲国家和中国的老年人 65 岁之后的储蓄率仍在继续提高。

可见，对老龄化负担效应的研究存在较大的拓展和研究空间，随之也就出现了大量争议。如，Leff（1969）使用了 74 个国家的人口结构、储蓄率和经济增长的实证数据发现，如果控制 1964 年人均 GDP 的对数值和过去五年的人均 GDP 增长率对数值，拉美家庭储蓄率与 65 岁以上老年人抚养比例之间具有负相关关系，与生命周期理论（LCH）的预测相符。而国民储蓄率与经济增速之间具有正比例关系，与新古典经济增长理论一致。

但是 Leff（1969）的研究在数据处理、变量设定和计量估计方法上都受到了一些质疑。譬如，Kelly 和 Schimid（1996）改进了 Leff（1969）分析框架的上述问题，将 Leff 的计量时段扩展到对 89 个国家 20 世纪 60 年代、70 年代、80 年代三组横截面数据的分析，得出的结论是，除了 20 世纪 80 年代以外，其他时段的数据都没有表现出明显的负担效应。

对老龄化负担效应进行置疑的文献还有：Ando 等（1995）利用微观数据发现，日本的老年人仍然有很高的就业概率，并不像理论预测的那样彻底退休并且负储蓄。Koga（2006）通过日本内务署的调查数据发现，各个年代出生的人群在进入老年期时其储蓄倾向都会突然升高。Chamon 和 Prasad（2010）基于中国数据的研究也发现，样本中户主年龄最老的家庭储蓄率最高，即，中国城镇人口的储蓄率出现了和生命周期相反的特点。这些显然与生命周期理论的预测不吻合。

对于负担效应的失效进行解释也就成为后续研究的重点之一。老龄化的负担效应受制于诸多假设前提，这是导致前述国际差异的重要原因。因此，不断有研究指出，还有诸多要素会影响人口老龄化的负担效应的效力。如，Paul Scholz（1993）认为经济增长属于内生变量，单纯从不同年龄段储蓄率差异的角度讨论经济增长率的变化对储蓄率的影响是有偏向的，认为不应忽略经济增长对于不同年龄阶段人口数量变化与储蓄率关系的影响。

Bloom、Cunning 和 Fink（2010）发现老龄化可能会降低劳动参与率和储蓄率，从而影响经济增长。但是由老龄化引发的更多女性加入劳动力市场，以及一些应对老龄化的政策的实施（比如提高退休年限，即延迟退休）可以缓解庞大的老龄人口对经济的不利影响。

Borsch-Supan，Hartl 和 Ludwig（2014）则从人口动力学的角度进行了分析，认为人口老龄化会降低储蓄率、导致资产价格下降和消费偏好的转移，由此可能引发通货紧缩的压力。

Katagiri（2012）把人口老龄化作为"意外冲击因素"带入了分析模型中，有针对性地研究了老龄化对日本经济总需求结构的影响。结果表明，除了依靠政府改革和经济自适应机制以外，人们为了适应老龄化社会做出的改变也能抵消老龄化的不利影响。此外，从财政政策的角度来看，Callen（2004）和 Philips（2013）均在不同程度上验证了这些观点。

进一步的，研究者提出了预防性储蓄动机的重要性。从数学上看，当消费者效用函数的三阶导数为正切时，未来收入就存在不确定性。从经济学意义上说，不确定性会导致人们减少当期消费来增加储蓄。不确定性越大，预防性储蓄的量就会越多。总结前述研究，老年人进行预防储蓄的主要原因有两个：一是其实际寿命可能比预期的长，从而要为更长的老年退休期准备生活费用；二是慢性疾病和巨额医疗支出的可能性。

Fogel（1994）研究了老年人预期寿命对于抚养比和储蓄率间关系的影响，Fogel（1994）认为预期寿命的提高主要是收入增加和医疗技术改善而导致死亡率下降的结果，人们比以往更愿意为健康投资。根据 LCH 模型的预测，相应地储蓄率会提高。

Falcao 和 Soares（2008）基于巴西人口和健康的调查数据表明，随着时间的推移，经济增长水平不断提高，预期寿命增加，生育率下降，少儿抚养比下降，用于子女的各种开销减少，储蓄率增加。但是由于经济所处状态是不确定的，所以国民储蓄率的变化不能一概而论。具体来说，一方面如果人口年龄结构原本十分不平衡或经济快速增长，由于成年人寿命和人数的迅速增加，老人抚养比会相对地下降，因而储蓄率上升；另一方面，如果人口年龄分布达到稳定的状态，预期寿命升高导致老年人抚养比例升高，储蓄率下降。

综上，这些研究所展现出来的实质是人口老龄化的寿命效应（也就是储蓄的预防动机）。标准的生命周期理论忽略了一个重要事实，即储蓄率的变化除了是由人口年龄结构的变化带来的以外，还有寿命延长的因素。过高的人口负担的确会增加负储蓄者相对于储蓄者的数量。但是根据理性行为人重新分配资源，协调生命周期内行为能力的假设，当消费者意识到自己活得更长时，会主动提高储蓄率。一些理论和实证研究更为细致地讨论了寿命延长对储蓄的正向影响需要的现实条件，如 Bloom 和 Canning（2005）认为，如果在没有社会保障和资本市场完美的情况下，人们对寿命延长的最优反应是延长工作期的长度，因此，老龄化对储蓄率没有什么影响。

Miyazawa（2009）进一步讨论了预期寿命的延长通过遗赠机制对国民储蓄率的影响。一方面，寿命延长带来的"未雨绸缪和预防性"动机使得理性人在成年期储蓄更多，从而提高了储蓄率；另一方面，由于寿命更长的老年人消费更多，所以留给下一代的遗产反而减少，抵消了老龄人口寿命延长对储蓄率的正向影响。

2. 国内文献回顾

伴随着国外文献的争议以及我国老龄化进程的不断深入，人口老龄化对中国居民储蓄率的影响的研究文献也越来越多，除传统的宏观视角的研究外，不少研究亦结合了中国的国情特色与发展阶段特征，着眼于人口老龄化对于储蓄率影响的结构化特征，分析了各省市间的中观差异、城镇间的二元化差异等。

如，Modigliani 和 Cao（2004）使用全国各省市的时间序列数据对中国城镇居民和农村居民的储蓄率做了对比分析，结果显示老年人口抚养比、经济增长率和通胀率对于城镇居民储蓄率与农村居民储蓄率的变化都具有比较显著的正效应。但是之前 Kraay（2000）使用面板数据分析了 1978—1989 年的居民储蓄率认为：这段时间的数据只能反映出农村居民储蓄率的决定因素，而不能反映城镇居民储蓄率的变化规律。

Horioka 和 Wan（2007）在更新数据的基础上，模型中加入了家庭对实际资产的投资这一解释变量，还引入了储蓄滞后期数变量。他们使用动态面板 GMM 的分析方法，得出的结论与 Modigliani 和 Cao（2004）的相似。

杨继军（2009）就我国全国各省市 2002—2007 年的数据对人口年龄及结构对储蓄率的影响进行了回归，得出的结论是：除了中部地区外，老龄人口抚养比例对储蓄率有显著的负效应。他给出的解释是劳动力供给可能是外生的，当中部地区的家庭经济负担较重时，家庭成员可能会选择离开家乡去中国东部寻找收入更高的工作。中部和东部的毗邻也便利了这种劳动力的地区间流动。

所以，当老年人人口抚养比例逐渐升高时，个人选择更努力地工作，获得更多收入，抵消了老龄化的负担，这导致储蓄不减反增。

邵阳（2013）根据国家统计局对城镇和农村的分类方法，选取了2001—2009年我国31个省市自治区的面板数据，实证结果显示：人口老龄化对居民储蓄率的影响存在明显的城乡差异——老龄化提高了城镇居民的储蓄率，但是降低了农村居民的储蓄率。对此，他给出了如下几个可能的原因：①城镇地区的老年人有可能继续从事脑力劳动的工作，而农村地区的老年人难以继续从事体力劳动，所以城镇地区老年人仍有机会增加储蓄，而农村地区老年人的储蓄只会不增反降。②二元结构的养老制度。城镇居民能够享受个人、企业、政府三个主体共同承担养老金的保障，这种制度把社会统筹和个人账户结合起来。此外，城镇居民的养老方式丰富，养老资金来源也比农村居民多得多。反观农村地区的养老方式主要依靠传统的家庭养老模式，养老保障制度仍十分不完善。再加上最近几年城市退休人员的退休工资逐步提高，所以城镇老人的储蓄率越来越多。在老年人消费需求未变和坚持节俭的双重作用下，不难理解城镇居民的储蓄率会越来越高，而农村居民的储蓄率则伴随着老龄化逐步下降。

此外，邵阳（2013）还分别在没有和有财政政策的情况下检验了老龄化对储蓄率的影响，得出的结论是：当财政收入的比重不断增大时，老年抚养比对农村居民储蓄率的效应是先正后负，对城镇居民储蓄率的提升并不显著；当财政支出的比重不断增大时，老年抚养比对农村居民储蓄率的效应是先负后正，对城镇居民储蓄率的影响仍不显著。也就是说，农村地区的老龄人口比城镇地区的老龄人口更容易受到财政政策压力的影响。

3. 小结

综上，国外文献指出人口老龄化对于储蓄率存在两种效应——负担效应和寿命效应。负担效应会导致老龄化对家庭储蓄率造成正向影响，而寿命效应则会导致老龄化对家庭储蓄率形成负向影响。在不同国情状况和时代特征下，这两种效应孰大孰小并不完全一致，这使得人口老龄化对储蓄率的作用方向不能完全确定。而我国的国情特色与时代印迹导致我国人口老龄化与储蓄率的关系与西方关系存在较大差异，并呈现结构化特征。

4.1.3.2 老龄化对通货膨胀的影响

1. 老龄化对通货膨胀影响的数理依据

人口老龄化与通货膨胀率的关系集中体现在生命周期模型中。根据生命周期理论，如下数理模型可以用于说明随着生命周期的变化，家庭储蓄率的变化可能导致的通货膨胀改变。按前述 PIH 理论，可以将个人的一生分为工作期和退休期，在工期内有正储蓄，在退休期内消费来自工作期的储蓄。假定个人收入分为永久性收入和暂时性收入。

其中，永久性收入主要是可以预期到的职业性的劳动收入，暂时收入指带有偶然性的现期收入，如彩票、奖金、遗产、礼物馈赠和意外所得等。同时，将社会保障体系的效应归结到实际利率的等效变化上（如社保水平提高可视为个人储蓄的实际利率有一定程度的提高），名义利率是指将各种影响个人收入水平（如债券和股票交易的收益）的效应加总后的等效综合收益率。

（1）工作期的消费与储蓄。

设工作时长为 T_1 年，退休时长为 T_2 年，工作期初收入为 y（第 0 期），整个工作期间收入年增长率为 v（$v > 0$），个人储蓄率为 s，年度通货膨胀率为 p，年度储蓄名义利率为 r，即实际储蓄年利率为 $r - p$。

那么个人工作期第一年的储蓄到工作期结束时总收益为 $sy(1+v)(1+r-p)^{T_1}$，工作期第二年的储蓄工作期结束时总收益为 $sy(1+v)^2(1+r-p)^{T_1-1}$，那么，个人在 T_1 年的工作起内总储蓄为 $S_1 = sy\sum_{i=1}^{T_1}(1+v)^i(1+r-p)^{T_1+1-i}$。

设 Y 为个人一生的劳动收入总和，则 $Y = y\sum_{i=1}^{T_1}(1+v)^i = y\dfrac{(1+v)^{T_1}-1}{v}$。

设 C 为个人在工作期内的消费中和，则 $C = (1-s)Y = (1-s)y\dfrac{(1+v)^{T_1}-1}{v}$。

（2）退休期内的消费与储蓄。

按照生命周期理论的观点，个人在退休期内的年均消费水平应该等于工作期内的年均消费水平，即 $\dfrac{S_1}{T_2} = \dfrac{C}{T_1}$。结合上面的式子，可以得到有关个人储蓄率的 s 的表达式：

$$s = \dfrac{1}{\dfrac{T_1}{T_2}B + 1}$$

其中 $B = \dfrac{v[(1+v)^{T_1}-(1+r-p)^{T_1}]}{(1+v)^{T_1}-1} \cdot \dfrac{1+r-p}{V-(r-p)}$

可将 B 变形为 $B = \dfrac{v(1+v)^m}{(1+v)^m-1} \cdot \dfrac{Z^m-1}{Z-1} \cdot \dfrac{1}{Z^m} = \dfrac{v(1+v)^m}{(1+v)^m-1} \cdot (\dfrac{1}{Z}+\dfrac{1}{Z^2}$

$+\cdots+\dfrac{1}{Z^{m}}$），其中 $Z=\dfrac{1+v}{1+r-p}$。

由于 $Z=\dfrac{1+v}{1+r-p}$ 是关于年度通货膨胀率 p 的增函数，而（$\dfrac{1}{Z}+\dfrac{1}{Z^{2}}+\cdots+$

$\dfrac{1}{Z^{m}}$）是关于 Z 的减函数，所以当 $r<v+p$ 时，即储蓄的名义利率大于经济增长率与通货膨胀率之和时，有 $Z>1$，使得 B 是关于 p 的减函数，那么 s 与 p 的正向关系得到证明。

后续的研究者对这一模型进行了更多扩展。如，将人的生命周期拓展到三期，就是一个可以深入的方向。具体来说，一个人的生命周期可以划分为 3 期：少儿期、成年期和老年期。在少儿期和老年期具有负储蓄，成年期正储蓄。根据经典的 LS－LM 模型，储蓄率下降会导致 IS 曲线向下移动，即低储蓄会导致国民投资不足。若此时政府增大货币供给量，将最终传导到总需求和物价水平的不均衡。

综上，前述模型实质上是反映了需求拉动型的通货膨胀。当需求与供给同步，则物价趋于稳定，当需求低于供给，则物价上涨。进一步可以推出，底部老龄化（少儿人口抚养比的相对减少）反而会抑制通货膨胀。

由此可见，根据传统的生命周期储蓄理论，随着人口年龄结构演变，会导致储蓄率改变，而储蓄率的改变无疑会带来通货膨胀率的变化。一般说来，人口老龄化会导致通货膨胀率下降。

2. 相关文献回顾

根据上述理论可见，人口老龄化与通货膨胀率应呈负向变化关系。然而，大量研究表明，这一结论存在争议。

如，Bullard（2012）重点研究了人口结构变动与经济资源再分配的关系，认为："婴儿潮"能产生暂时的高通胀并带来经济快速发展潜力。而老龄化会降低通货膨胀的速度甚至导致通货紧缩，原因是老年人希望他们的储蓄能有较高的真实收益率，这会影响政府资源再分配的政策。

Anderson、Botman 和 Hunt（2014）改进了经典的 DSEG 模型，并将其用于研究日本的人口老龄化与通货紧缩现象。他们发现老龄化导致的经济增速下降和土地价格降低是通货紧缩的主要推手。值得一提的是，三人使用的是模拟仿真的方法，而不是提出假设然后从实证的角度去验证假设。

这方面的国内外文献还有很多，除了前述传统的需求推动型的生命周期储蓄动机所导致的影响外，研究者认为人口老龄化主要还可能从以下几个方面影响通货膨胀。

（1）"成本推动型的"通货膨胀。如前所述，人口老龄化与通货膨胀率的关系集中体现在生命周期模型中。人口老龄化可能导致劳动力供应相对短缺，由于工资率具有向下刚性，所以，当工资上涨幅度超过劳动生产力增长幅度时，就会出现"成本推动型的"通货膨胀。

（2）影响了全国价格水平，包括土地供应价格。人口老龄化和逐渐萎缩的人口总量会降低土地价格，比如说老年人可能更愿意住在面积小一些的房子里，导致对土地的需求下降。土地价格不仅会影响经济产出，还会影响人们的财富水平和消费需求。此外，劳动力减少也会影响实际工资，从而导致价格水平下降。

以日本为例，日本的工资率长期滞后于生产能力（可以用 GDP 来衡量）的增长，这一定程度上使得社会总供给的调整总也跟不上总需求的变化。此外，人口老龄化还可能导致社会消费结构的转变，毕竟老年人的消费偏好与年轻人的大相径庭：老年人对于住房、交通、通讯、交流和教育的开支明显少于年轻人，而会有更多的医疗、健康支出。

（3）人口老龄化通过对财政的影响而导致通货膨胀率变化。无论是发达经济体还是新兴经济体，人口老龄化都可能导致更高的政府养老金支出和医疗卫生支出，同时可能减少国民所得税的税基。但这种影响所导致的方向并不能完全确定。

一种可能性是随着政府初级赤字扩大、债务增多，不难预料会导致政府的财政隐形风险，如果政府进行财政整顿，这会在很长时间内阻碍国民生产力的正常发展，并伴有持续的通货紧缩压力。

但同时，也存在另一种可能性，即如果政府债务的隐形风险转化为实质性的问题，政府财政破产，就可能会引发信任危机，可能导致债务货币化的危险。由此可见，老龄化通过影响财政渠道对通货膨胀的影响并没有完全一致的结论。而当缺乏可信赖的中期财政整顿措施时，就可能会出现通货膨胀的现象。值得注意的是，老龄化导致的日本政府财政支出没有预计中的那样庞大，原因可能是政府改变了支出结构，减少了教育投入和公共投资开支。

（4）人口老龄化所导致的公众利益诉求变化也可能会影响通货膨胀率。不同利益群体对通货膨胀率高低的诉求并不完全一致。在社会中，当不同年龄层次主体所占比例发生变化时，会导致对通货膨胀率高低诉求的变化。

显而易见，大多数年轻人在一开始并没有什么资产和储蓄。因此他们更希望利率低一些，实际工资的增长快一些。而老年人参与工作更少，并保有一定的资产和储蓄，因此偏好更高的利率和相对较低的通货膨胀。因此，老龄化可能影响中央银行对目标函数的决定——到底追求多快的通货膨胀速度。年轻人口和老年人口的利益代表如何配比，会导致社会公众对通货膨胀高低的诉求产生较大差异。

当然，这一影响也与经济政策的独立性有关。以日本为例，日本央行近年来一直采取激进的量化宽松政策来实现高通胀的目标。从某些方面看，尽管这一做法与上述理论背道而驰，但对于已经深陷老龄化和通货紧缩的日本而言或许是一味良药。

（5）人口老龄化加速了老年人口产业的发展，从而引起产业结构变化进而引发"结构性通货膨胀"。比如对所谓的"银发产业"（老年人医疗卫生、康复护理、养老院和精神文化、老年人理财服务等产业）供不应求，会导致其价格上涨，并扩散到其他生产部门，导致物价水平整体上涨。

此外，还有一些研究讨论了人口老龄化影响通货膨胀的"门槛效应"。所谓的门槛效应是指人口结构对通货膨胀的影响会否因不同经济条件而呈现显著的差异。一般的线性回归分析无法全面揭示这种非线性关系，"门槛回归"的非线性计量工具给我们提供了一个新思路。

如，蒋伟（2005）借鉴国外文献，结合 Hansen 门槛模型，构建了老龄化影响通货膨胀的面板门槛模型。模型分别以经济发展水平和老龄化系数为门槛变量，估计结果显示：

首先，当人均 GDP 低于 3143.6 美元、介于 3413.6~6465.2 美元、超过 6465.2 美元时，人口老龄化对通货膨胀的系数从 -0.191 提高到 -0.25 再到 -0.32。可见，人口老龄化对通货膨胀的抑制作用会随着经济发展水平的提高而放大。他指出位于高区制的国家主要有瑞典、英国、西班牙等 18 国，位于低区制的国家主要有印度、科特迪瓦、厄瓜多尔等 25 国，而样本国家中的其余 35 国均位于中区制。

其次，当老龄化系数低于 5.03、介于 5.05~9.09、高于 9.09 时，老龄化对通货膨胀率的负向影响不断上升，表明在不同的人口结构阶段下，老龄化对通货膨胀得抑制效果存在差异。其中，位于高区制的国家主要是瑞典、英国、意大利等深度老龄化的国家，位于低区制的国家主要是科特迪瓦、布隆迪等非洲国家，而样本中的其余国家均位于中区制。

综上，老龄化对通货膨胀率的影响受到了多种机制、多种因素的制约。在不同国家不同发展阶段，随着其约束条件和作用机制的差异，结论也就不尽相同。

4.2 老龄化社会的资产组合理论

不同年龄的投资者具有不同的投资偏好,这导致不同年龄结构的社会存在不同的资产需求结构。这是本书后续研究的理论基础之一。因此,在本节,我们将在回顾资产组合理论的基本思路和发展脉络的基础上,分析老龄化社会对金融资产需求结构所导致的重要变化。

4.2.1 资产组合理论的基本思路

在马柯维茨提出投资组合理论以前,已经有学者意识到分散投资的概念。Hicks（1935）提出了"分离定理"。他认为:由于投资者常常希望"高收益低风险",所以需要货币。同时,他认为应将风险分析引入货币理论中,因为风险与影响投资的期望收入息息相关。

Kenes（1936）和 Hicks（1939）提出了风险补偿的概念——由于存在不确定性,金融产品的获利应在利率之外附加适当的风险补偿,他们还提出资产选择问题,认为风险可以被人为分散。Marschak（1938）提出了在不确定条件下的序数选择理论,认为人们大多倾向于进行高收益低风险程的投资。Williams（1938）提出了"分散折价模型"（Dividend Discount Model）,认为风险可以通过多元化投资来实现。他理想化地认为存在同时实现收益最大化和风险最小化的组合,并可以借助法律的约束来使组合的实际收益接近于期望收益。Leavens（1945）则进一步剖析分散投资的优点。而 Von Neumann（1947）结合预期效用的概念深化了不确定性条件下的资产选择方法。

下面,我们重点回顾马科维茨投资组合理论的基本思想。首先,马科维茨投资组合理论建立在如下假设的基础上:①投资者是规避风险的风险厌恶者,追求期望效用的最大化;②投资者根据收益率的期望与方差来选择投资组合;③所有投资者处于同一时期。

同时,以期望收益 r 来衡量单个证券的收益,以收益的方差 σ^2 衡量单个证券的投资风险。那么,资产组合的综合收益等于各个资产的期望收益的加权平均,即

$$E(r_p) = \sum w_i r_i$$

资产组合的综合投资风险用各个资产间协方差的加权平均表示,即

$$\sigma_p^2 = \sum \sum w_i w_j \mathrm{cov}(r_i, r_j)$$

以上两式子中：r_p 表示资产组合的综合收益；w_i，w_j 分别表示第 i 种和第 j 种的资产在组合中的权重；r_i，r_j 分别表示第 i 种和第 j 种的资产的期望收益；σ_p^2 表示资产组合的投资风险；$\mathrm{cov}(r_i, r_j)$ 表示第 i 种资产和第 j 种资产收益的协方差。

$w_i < 0$ 表示要卖空第 i 种资产，且有约束 $\sum w_i = 1$。

根据分散风险的要求，资产配置的目标是在固定预期收益 μ 的前提条件下把资产组合的方差最小化，也就是解决下面的最小化问题：

$$\min \sigma_p^2 = \min \sum \sum w_i w_j \mathrm{cov}(r_i, r_j)$$

满足

$$E(r_p) = \sum w_i r_i = \mu$$

$$\sum w_i = 1$$

应用 Lagrange 乘数法，构造资产组合理论的 Lagrange 函数

$$\boldsymbol{L}(w, \lambda_1, \lambda_2) = \sum \sum w_i w_j \mathrm{cov}(r_i, r_j) - \lambda_1 (\sum w_i r_i - \mu) - \lambda_2 (\sum w_i - 1)$$

则条件极值点就在方程组

$$\begin{cases} \dfrac{\partial \boldsymbol{L}}{\partial w_i} = \sum_j w_i \mathrm{cov}(r_i, r_j) - \lambda_1 r_i - \lambda_2, i = 1, 2, \cdots, n \\[2mm] \dfrac{\partial \boldsymbol{L}}{\partial \lambda_1} = \sum w_i r_i - \mu \\[2mm] \dfrac{\partial \boldsymbol{L}}{\partial \lambda_2} = \sum w_i - 1 \end{cases}$$

的所有解（w_1，w_2，$\cdots$，w_n，λ_1，λ_2）所对应的点（w_1，w_2，$\cdots$，w_n）中，这表示一份资产组合中各种资产的投资比例。

最终，我们得到了投资组合

$$w = \lambda_1 \boldsymbol{A}^{-1} r + \lambda_2 \boldsymbol{A}^{-1} 1_n$$

其中，$w = [w_1, \cdots, w_n]^T$，$\boldsymbol{r} = [r_1, \cdots, r_n]^T$，$1 = [1, \cdots, 1]^T$；且 $\boldsymbol{A}$ 代表如下矩阵：

$$\boldsymbol{A} = \begin{bmatrix} \mathrm{cov}(r_1, r_1) & \cdots & \mathrm{cov}(r_1, r_n) \\ \vdots & \ddots & \vdots \\ \mathrm{cov}(r_n, r_1) & \cdots & \mathrm{cov}(r_n, r_n) \end{bmatrix},$$

此外，有 $\mathrm{cov}(r_i, r_i) = \sigma_i^2$。对于每一个期望值 μ，我们根据上式求得一个风险资产组合 P，使得个资产配置的方差 σ_p^2 是最小的。将这些最优解画

在标准差－期望的坐标平面上就得到一条抛物线，如图4－1。

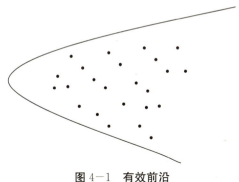

图4－1　有效前沿

这条曲线被叫作有效前沿（efficient frontier）。有效前沿右侧内部的点在理论上有对应的资产组合，而有效前沿外部的点是不可能实现的资产组合。有效前沿上存在一个波动率最小的点，也就是图中曲线最靠左边的地方。如果固定风险并选择最大的预期收益，则会筛选掉有效前沿的下半部分。也就是说在这个点以上的资产组合才是真正"有效"的。

如果允许加入无风险资产，那么有效前沿左侧外部的区域是可行的。选择有效前沿上的一个资产组合P，用本金的α比例配置资产组合P，剩余本金的$(1-\alpha)$比例用于配制无风险资产r_f。注意，当$\alpha>1$时，表示需要贷款本金的$(\alpha-1)$倍，并支付无风险利率，用贷款连同本金一并配置资产组合P。

显而易见，最佳投资组合应当是具有风险厌恶特征的投资者的无差异曲线和资产的有效边界线的交点。则该资产组合的期望收益和方差分别为：

$$E_\alpha = E[\alpha r_p + (1-\alpha)r_f] = \alpha E(r_p) + (1-\alpha)r_f$$

$$\sigma_\alpha = \sqrt{\mathrm{Var}(\alpha r_p + (1-\alpha)r_f)} = \alpha \sigma_p$$

消去α后得到E_α与σ_α的关系恰为线性关系。当$\alpha>0$时，图像为起点在$(0, r_f)$，经过点$(\sigma_p, E(r_p))$的一条射线（在图4－2中以虚线表示）。

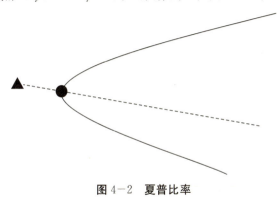

图4－2　夏普比率

如图 4-2 所示，三角形处是无风险利率（相当于无风险资产的期望收益率），黑点处是一个有效前沿上的风险资产配置 P，那么虚线上的所有点都是可以按照一定比例配置无风险资产 r_f 和 P 得到的。

Sharpe（1966）认为这条虚线的斜率结合了风险与回报，可以用来衡量投资机会。这一斜率则被称为夏普比率，以 S 表示，即：

$$S_p = \frac{E(r_p) - r_f}{\sigma_p}$$

4.2.2 资产组合理论的演进

4.2.2.1 单一风险资产的权重选择

假设投资者在第 t 期可以投资两种资产：一种是风险资产，在 t 至 $t+1$ 时段内的收益率为 R_{t+1}，其条件期望值记为 $E_t(R_{t+1})$，和条件收益方差 σ_u^2；另一种是无风险资产，在 t 至 $t+1$ 时段内具有单利收益率 $R_{f,t+1}$。

假设投资人将资产组合中 a_t 的比例用于投资风险资产，则资产组合的收益率和方差分别为

$$R_{p,t+1} = a_t R_{t+1} + (1 - a_t) R_{f,t+1} = R_{f,t+1} + a_t (R_{t+1} - R_{f,t+1})$$

$$\sigma_{pt}^2 = a_t^2 \sigma_u^2$$

投资者往往追求于资产组合的收益率的均值愈高且方差愈小。因此，假设投资者的效用函数按照线性方式权衡均值和方差。即

$$\max_{a_t} (E_t(R_{p,t+1}) - \frac{k^2}{2} \sigma_{pt}^2)$$

将 $R_{p,t+1} = R_{f,t+1} + a_t (R_{t+1} - R_{f,t+1})$ 带入上式可得

$$\max_{a_t} a_t (E_t(R_{t+1}) - R_{f,t+1}) - \frac{k^2}{2} a_t^2 \sigma_u^2$$

该最大化问题的最优解为

$$a_t = \frac{E_t(R_{t+1}) - R_{f,t+1}}{k \sigma_u^2}$$

根据夏普比率 S_t 的定义——超额资产收益率的均值与预期标准差的比，则有

$$S_t = \frac{E_t(R_{t+1}) - R_{f,t+1}}{\sigma_u}$$

那么资产组合的最优解可以写成

$$a_t = \frac{S_t}{k\sigma_u}$$

4.2.2.2　多种风险资产的权重选择

将上述结果直接扩展到多种风险资产的情形。在这种情况下不需改变之前的定义，只需将各个变量拓展到向量与矩阵。令 $\boldsymbol{R}_{t+1}$ 代表一组含 N 种不同的风险资产的收益率向量，其均值和方差分别用向量 $\boldsymbol{E}_t(\boldsymbol{R}_{t+1})$ 和协方差矩阵 $\sum_t$ 表示，$\boldsymbol{\alpha}_t$ 是这一组风险资产的配置比例向量。

那么最大化问题变为

$$\max_{\boldsymbol{\alpha}_t} \boldsymbol{\alpha}_t{'}(\boldsymbol{E}_t(\boldsymbol{R}_{t+1}) - \boldsymbol{R}_{f,t+1}) - \frac{k}{2}\boldsymbol{\alpha}_t{'}\sum_t\boldsymbol{\alpha}_t$$

该最大化问题的解为

$$\boldsymbol{\alpha}_t = \frac{1}{k}\sum_t^{-1}(\boldsymbol{E}_t\boldsymbol{R}_{t+1} - \boldsymbol{R}_{f,t+1})$$

其中，该资产组合的收益方差为 $\boldsymbol{\alpha}_t{'}\sum_t\boldsymbol{\alpha}_t$。

4.2.2.3　含有劳动收入的资产组合

假设投资者拥有持续的无风险劳动收入，追求消费效用的最大化，只能投资有风险的股票和无风险资产。股票每期的对数收益率 $r_{p,t+1} = \log(1 + R_{p,t+1})$，无风险资产的对数收益率为常数 $r_f = \log(1 + R_f)$，平均对数超额收益率记为 $\mu = E_t(r_{t+1} - r_f)$，方差为 $\sigma_u^2 - \mathrm{Var}_t(r_{t+1})$。以 W_t 和 H_t 分别表示投资者的金融财富和人力财富，则总财富 $T_t = W_t + H_t$。

进一步的，不妨把人力财富视为将来收入的无风险利率贴现，那么人力财富 H_t 相当于一种无风险投资。

因此，投资者会调整资产组合的配置，使得每项资产的数量与无劳动收入时的最优配置相同。具体来说，投资者会用总资本中 $\hat{a}(W_t + H_t)$ 美元投资股票，剩余资本 $(1 - \hat{a})(W_t + H_t)$ 投资无风险资产。其中 $\hat{a} = \frac{\mu + \sigma_u^2/2}{\gamma\sigma_u^2}$，$\lambda$ 为相对风险厌恶系数。

此时有风险的股票占金融财富 W_t 的最佳比例为

$$\alpha = \frac{\hat{a}(W_t + H_t)}{W_t} = \frac{\mu + \sigma_u^2/2}{\gamma\sigma_u^2}\left(1 + \frac{H_t}{W_t}\right)$$

如果没有劳动收入，根据前面的分析，股票占金融财富的比例应为 $\hat{a} = \frac{\mu + \sigma_u^2/2}{\gamma \sigma_u^2}$。那么，不难得出结论：拥有劳动收入的投资者愿意将更多的资金投资股票。

4.2.2.4 劳动收入者进行单期投资的资产组合

如果劳动收入者进行单期投资，每期收入为 Y_t，那么他需要最大化效用函数

$$\max E_t \left[\delta \frac{C_{t+1}^{1-\gamma}}{1-\gamma} \right]$$

他面临的单期投资约束为

$$C_{t+1} = W_t(1 + R_{p,t+1}) + Y_{t+1}$$
$$R_{p,t+1} = \alpha(R_{t+1} - R_f) + R_f$$

记 $w - y = E[\log(W_t/Y_{t+1})], \rho = \dfrac{\exp(r_p + w - y)}{1 + \exp(r_p + w - y)} \in (0,1)$

则 Campbell 和 Viceira（2001）推导出风险资产的最优投资比例应为

$$\alpha_t = \frac{1}{\rho}\left(\frac{\mu + \sigma_u^2/2}{\gamma \sigma_u^2}\right) - \frac{1-\rho}{\rho}\left(\frac{\sigma_{yu}}{\sigma_u^2}\right)$$

其中，σ_{yu} 表示风险资产收益率与劳动收入变化的相关系数。

上述最优分配 α_t 可以分解为两部分：第一部分表示当 $\rho = 0$ 时，即劳动收入与风险资产回报无关时，最优的风险资产配置；第二部分表示当 $\sigma_{yu} < 0$ 时，多配置一些风险资产能抵消劳动收入减少带来的负效应。因此，具有劳动收入风险的投资者应当适当地多配置一些风险资产。

由此可见，劳动收入变化导致投资配置发生改变，这也是老龄化对资产组合影响的理论依据之一。

4.2.3 老龄化对资产组合的影响

通过对上述理论模型演进的回顾，已经可以发现，老龄化可能导致的劳动收入的改变，会带来资产组合选择的变化。下面，我们将在剖析影响人们，特别是老年人群资产组合配置行为的重要因素基础上，综述人口老龄化对资产组合的影响。

4.2.3.1 老年人配置资产组合的影响因素

在分析人口年龄结构演变对资产组合的影响之前，我们需要厘清影响居

民，特别是老龄人群进行资产配置行为的一些其他因素。我们可以把他们视为本书分析的背景风险因素，这也是后文实证分析部分控制变量的重要来源依据。

Heaton 和 Lucas（2000）提出了背景风险的概念。Campbell（2006）和 Baptista（2008）认为背景风险是指家庭居民在金融市场上承受的除一般金融风险以外的其他风险。它源自居民作为投资者的内在性质，不能通过资产配置进行分散，可以视为金融市场的系统性风险。由于偏好的稳定性，这些背景风险会使得个体在面临一些可以被有效规避的风险时持有相对保守的态度（Guiso 和 Paiella，2008）。

背景风险主要有以下几种。

1. 劳动收入

如果把未来劳动收入的现值定义为人力资本，那么人力资本作为一种无风险资产，将刺激家庭投资更多的风险资产。另一种观点认为，人力资本也是一种风险资产，增加了家庭的风险厌恶程度，使家庭减少了其他风险资产的持有比例。值得注意的是，短期劳动收入冲击对资产组合的影响不会很大。Hochguertel、Alessie 和 Soest（1997）使用荷兰集体银行调查的数据分析发现，家庭的收入风险越大，持有的资产组合的安全性越高。Gardak 和 Wilkins（2009）则使用澳大利亚家庭、收入和劳动动态（HILDA）调查数据，进行了实证研究，结果都支持劳动收入风险对家庭风险性金融资产投资具有负影响的观点。

2. 房地产投资

房析产兼具消费品和投资品的双重特征。它不像股票等风险资产难以按揭贷款进行投资，但是流动性较差。Kullmann（2003）使用美国 1984—1999 年的收入动态面板数据认为：由于房地产的不可分性和价格波动性，房地产投资会降低家庭资产流动性，进而减少了家庭对股市的参与度。年轻家庭和相对贫穷家庭的这种挤出效应尤为明显。

3. 健康

健康因素在老年家庭的决策中占据重要地位。随着人们年龄的增加，各种急性和慢性的健康风险事件会冲击老年家庭，改变他们的养老计划，比如重新安排工作时间和休闲时间的配置、消费和储蓄，以及风险偏好的改变和趋强趋弱等。健康风险可以从两个方面对家庭资产组合的选择产生影响。

首先，健康风险可能伴随着巨大的医疗支出，导致家庭储蓄大幅度减少，继而增加了对"高度安全的"预防性储蓄的需求，降低了投资者继续投资风险资产的边际效用。

此外，健康风险会影响人们的预期寿命，Merton 和 Samuelson（1992）指出当预期诸如养老金一类的未来收入远远超过家庭的金融资产回报时，那么资产回报的波动对消费的边际效用影响就会较小，对资产组合风险的影响也随之较小。因此，预期寿命的缩短会降低未来收入流的现值，进而使得家庭持有安全性资产。

围绕健康风险的文献很多，可以把其分为理论模型研究和实证研究两种。在理论模型方面，如，Edwards（2008，2010）将健康作为一种不可交易的风险资产，纳入资产选择模型之中，分析得到了最优解。模型结果显示，健康不佳会增加居民消费的边际效用，因此家庭健康风险会减少居民对于风险资产的投资。Goldman 和 Maestas（2013）也认为随着居民健康状况的恶化，居民的预防性储蓄需求会增加，以备额外的医疗支出，对风险资产的需求减少，更加偏好于投资安全稳定的资产。

在实证方面，Rosen 和 Wu（2004）使用相关数据进行分析，发现风险偏好、遗产动机、规划投资期限对健康风险的挤出效应作用并不明显。但实证结论并不完全一致。如，根据 Goldman 和 Maestas（2007）的研究，健康保险和医疗保险能显著地提高家庭持有风险性金融资产的可能性和数额（约 6%）。

针对我国的情况，雷晓燕、周月刚（2010）认为健康状况对于城市居民的资产组合选择有重要作用，但是对我国农村家庭没有显著影响。吴卫星、荣苹果和徐芊（2011）重点检验了健康影响家庭资产选择行为的作用机制，发现风险态度和遗赠动机能够在一定程度上解释健康风险的影响。

解垩、孙桂茹（2012）采用中国健康与养老追踪调查的数据（CHARLS）的预调查数据，分析了样本家庭的财富、资产和健康冲击，得出的结论是：慢性健康冲击是影响我国老年家庭投资组合的重要变量，但是对耐用消费性资产和房产价值的影响是相反的。当家庭遭受慢性健康冲击时，老年家庭拥有的房产价值量增加，但是耐用消费性资产的投资量减少。遭受急性健康冲击的老年家庭的风险厌恶程度比没有遭受急性健康冲击的家庭明显高。所有这些都表明健康冲击对于老年家庭的风险偏好和资产选择有着很强的影响，这也从另一个侧面说明我国老年人的医疗保障对健康冲击的防御能力还有待提升。

4. 投资期限

研究发现，投资者的年龄、死亡风险以及健康状况都会影响投资期限。而投资期限则与投资风险资产的比例密切相关。如，Gollier 和 Zeekhauser

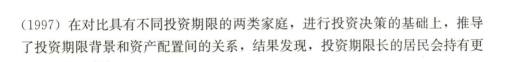

(1997) 在对比具有不同投资期限的两类家庭，进行投资决策的基础上，推导了投资期限背景和资产配置间的关系，结果发现，投资期限长的居民会持有更多的风险性资产。

5. 其他微观因素

此外，还有一些其他微观因素会影响居民，特别是老年人的投资组合选择，主要如下：

（1）性别。

许多国外研究表明女性偏好风险较低的金融决策，Bajtelsmit 和 Vanderhei（1997）专门检验了美国投资者的养老金理财计划，即使在控制了收入和年龄的情况下，女性普遍比男性选择风险更低的养老基金。根据解垩、孙桂茹（2012）的研究，女性户主家庭比男性户主家庭更加厌恶风险，表现为女性户主家庭持有的风险资产比男性户主家庭持有的少 4000 多元。

（2）老年人文化水平。

Guiso 等（2008）认为股票、基金等风险资产存在认知成本，居民对金融机构产品或服务的消费水平受到认知成本的影响，认知成本又受到居民受教育水平的影响。受教育水平越高，认知成本就越低，消费水平也就越高。解垩、孙桂茹（2012）认为，与文盲老人家庭相比，农村老人的受教育程度对各类资产的选择差异也不显著，而城市初中组别的老人家庭显著地减少了耐用消费性资产。

（3）老年人的认知能力退化。

Agarwal 等（2007）发现人们在金融投资领域的表现呈现"驼峰"的形状。随着年龄增长，个人投资的能力水平在 50 多岁的时候达到顶峰，然后逐渐下降。这种倒 U 形趋势与个人的收入，教育和信用等级无关。Agarwal 等对此的解释是：一个人上了年纪，分析问题的能力和决策能力会随之下降。Lusardi 和 Mitchell（2011）发现人们阅读金融、财务数据，处理金融、财务信息的速度和能力在 60 岁以后有明显下降。

Korniotis 和 Kumar（2011）从两个截然不同的视角看待这个问题。一方面，如果一个"老迈"投资者能从以往长期的投资经历中积累足够多的经验，那么他们会变得越来越聪明、越来越"善于投资"。但是另一方面，老年投资者也可能因为认知能力的下降频频操作失误。综合来看，他们认为年龄增长的负面效应更为显著，"脑力退化"会导致投资回报率平均每年降低 3%~5%。

Christelis 等（2010）也得出了类似的观点：认知能力对于股票和股票基金这些需要较多计算的投资有显著影响，但是对于债券和货币市场基金的影响不大，所以"认知能力"是资产组合的风险系数的重要决定因素。

此外 Browning 和 Finke（2015）分析了近年来经济危机时老年人的资产配置，发现他们不能很好地处理投资失利带来的负面情绪，更容易做出不明智的资产调整行为。

Pak 和 Chatterjee（2016）则使用了 2008、2011、2013 年美国关于 50 岁以上人群资产情况的纵向调查数据，发现很多美国老人持有风险资产的原因之一是"盲目自信"。传统的观点认为"稳重的"老年人更加厌恶风险，所以偏爱低风险的投资产品。但是调查数据表明很多老年人的资产配置中现金和现金等价物的比例低于预期，说明这些人并不像生命周期投资理论建议的那样优化自己的资产组合，Pak 和 Chatterjee（2016）给出的解释是：老年人可能没有意识到自己的日渐糟糕的投资水平。

4.2.3.2 人口年龄结构演变对居民投资偏好的影响

国外关于人口年龄结构变动对居民投资偏好影响的研究最早可以追溯到 20 世纪 50 年代。Tobin（1958）、Merton（1969）等均提出了年龄效应理论，认为个体的投资选择行为只受时间影响，而与其年龄无关，并且影响效果会随着时间的延伸逐渐减弱。

年龄效应理论存在很多不足之处，比如忽视了很多可能对居民投资决策产生影响的重要因素。Yoo（1994）通过实证分析发现，在多种经济条件约束下，年轻家庭投资风险资产的很少。伴随着经济条件的不断改善，参与资本市场的可能性才会逐渐增加。但居民会由年轻时的风险偏好逐渐转为年长时的风险厌恶，老龄化家庭会更加倾向于投资安全类资产（如国家债券、银行存款等）。McCarthy（2004）基于面板数据，实证考察了年龄对居民参与股市情况的影响，发现两者之间作用关系明显，并呈现出"驼峰状"的分布特征。Jagannathan 等（1996）从未来收入预期入手，认为中青年居民的工作可以保证他们有不断的收入来源，而且收入会随着时间的推移呈现不断递增的趋势，这可以用来分担在投资决策过程中可能出现的损失；但是处于退休阶段的老年人由于退休工资相对固定，没有这种优势，致使其放弃风险资产投资。

国内文献中，大部分文献都是从宏观视角的研究。如，夏淼和吴义根（2011）指出随着社会人口年龄结构演变，居民的资产配置状况也会发生变化，并进而可能影响金融市场产品的需求结构，导致我国金融结构发生变化。李威（2014）基于中国省级面板数据，借助动态面板估计方法实证了人口老龄化对中国固定资产投资的影响，结果发现扶老比推动了投资的增长，而扶幼比抑制了投资的增长。

随着微观数据的丰富，也有部分文献从微观视角通过区分异质微观个体的投资行为来分析问题。如，车树林、王琼（2016）基于西南财经大学中国金融家庭调查与研究中心 2011 年"中国家庭金融调查"（CHFS）数据，研究了人口年龄结构对投资者进行银行储蓄、债券类产品购买、基金市场和股票市场投资的不同影响。结果显示：家庭老年人口比增加，会导致银行储蓄增多，导致基金和股票市场投资减少，但对债券类产品购买的影响不显著。这说明老龄化程度的增加，会导致居民投资更加保守，更偏好于配置风险较小的资产。

同时，他们的研究还发现，居民的受教育程度、金融财富、房产持有情况、家庭规模等因素变大都会导致居民参与股票市场投资的可能性增加。而收入对股票投资的影响呈倒 U 形分布，表现为先增后减的态势。可能的原因是，中等收入阶层的资产流动性更强，而处在两端的高收入阶层和低收入阶层或者缺乏资金，或者资金太过充沛而转投房地产和实业投资。此外，家庭的受教育程度和金融财富，与投资项目的多少也成正向关系。而房产的持有会导致居民在股票和基金投资上的概率有显著上升。

综上所述，人口年龄结构变迁对居民房地产与金融资产配置会产生重要影响，主要体现在三个方面：第一，居民参与安全类资产投资的概率与其年龄是正相关的，年龄越大的居民越偏好投资储蓄存款类金融资产；第二，居民参与风险类资产投资的概率随居民年龄增长先增后减（倒 U 形分布），相比于年轻人和老年人，中年人更偏好投资股票类金融资产；第三，家庭内老龄化程度越高，居民投资行为越保守，对安全类的金融资产配置更加偏好。

5　人口老龄化与房地产市场

5.1　相关文献

人口老龄化已成为全球经济社会发展面临的重大挑战。老龄化对经济金融体系的潜在冲击是多方位的，而住房价格作为较重要的价格变量，是联系老龄化国情与金融稳定、经济可持续发展的一条较为重要的纽带。数十年来，相关文献汗牛充栋，简述如下。

5.1.1　国外相关研究

20 世纪 80 年代，国外文献就人口老龄化对住房价格的影响，提出了"资产消融"（Asset Market Meltdown）假说，认为人口老龄化会降低居民住房总需求，导致一国住房价格下降，甚至市场崩溃（Mankiw 和 Weil，1989；Poterba，1991）。此后的研究多侧重于对全域性住房市场的考察，但由于老龄化对住房价格的影响程度取决于理论逻辑演绎的影响效应与被抽象掉的其他因素的合力作用，不同的文化传统、经济金融体制都可能对老龄化与房价的关系造成影响，这使得各国的实证结果莫衷一是（如 Brooks，2002；Levin 等，2009；Yumi 等，2013）。

近年来，已有研究开始考察在人口"替代迁移"的影响下，"资产消融"效应在一国区域住房市场的差异。"替代迁移"（replacement migration）概念由联合国人口委员会在 2000 年提出，指通过流动人口来弥补流入地因低生育率和低死亡率所导致的人口减少与老龄化。虽然这一概念主要针对的是国际人口流动，但它对国内地区间的人口流动有着同样的解释力，其理论基础是年龄分布与人口流动的内在联系。一方面，劳动力流入可以缓解老龄化问题

（Bijak 等，2008；Ceobanu 等，2013），且与房价存在交互影响。高房价会制约劳动力的跨区域流入，但反过来经济集聚导致的劳动力涌入也会推高房价，影响程度取决于流入地的住房供应弹性和本地人口流出（Saiz，2007；Gonzalez 和 Ortega，2013；Sa，2014）。另一方面，年龄分布对人口流动存在影响，各年龄层对流入地的不同偏好会影响区域老龄化结果，最终作用于房价。Sjaastad（1962）发现年龄与人口流动间呈倒 U 形结构（老幼人口流动率较低，青年人流动率较高），可以用心理成本与预期净收益进行解释，老年人口更易思乡，预期净收入也较低，因而流动率更低。后续文献进一步从微观视角总结了迁移决策的生命周期特征，认为迁移决策是流动者基于自身特征来对宏观经济状况调整与适应的结果，居住成本、劳动力市场机会、地域特征等因素都会影响流动人口的流动决策，其在决策中的权重关系会随生命周期改变（如 Stark 和 Bloom，1985；Presson 等，2008）。据此，Bitter 和 Plane（2012）引入包含个体异质性的 Bewley 模型，建立了一个宏观-微观一体化建模的研究框架来考察人口流动、老龄化与住房价格的关系，认为不同年龄层人口的流动偏好会改变不同区域的老龄化结构，造成"资产消融"效应在美国市场的地区差异。

5.1.2　国内相关研究

5.1.2.1　中国人口替代迁移的特点

自 20 世纪 80 年代以来，中国社会一个最剧烈的变化即流动人口规模的迅速膨胀，流动人口数量由 1982 年的 657 万增至 2013 年的 2.45 亿，已逾总人口的六分之一。中国特有的户籍制度和经济发展特征，使中国人口的替代迁移现象与发达国家永久性的人口流动存在本质区别，呈现如下特点：①循环流动。为充分利用家庭资源，最大限度地增加家庭的就业和收入并降低迁移的成本和风险，我国流动人口多是一种往返于流入地与流出地之间、一次或多次的往返循环性移动（朱宇，2004）。②梯次流动。中国人口流动的最主要方向是从农村流动到城镇，并呈家庭化趋势，家庭迁移发生概率逐年上升（杜鹏、张文娟，2010）。③代际差异。青壮年人口是跨省流动人口的主体，大专院校毕业生在流动人口中的概率在增加（田成诗、曾宪宝，2013）。④不同发展阶段的空间布局差异。"六普"数据显示，从 20 世纪 90 年代区域迁移急剧增长以来，人口流动正从以东部地区为主向"多中心聚集"趋势转变（曾明星，

2013)，但《中国流动人口发展报告 2014》指出，近年来流动人口流向集中的大趋势仍然不变，特大城市人口聚集甚至出现加强态势。

5.1.2.2　替代迁移与老龄化的关系

中国是在未富先老和城乡二元制并存的时代背景下步入老龄化社会的，我国老龄化结构呈现突出的城乡分割的特点，替代迁移与老龄化紧密相关。一方面，农村青年人口流入城镇，加深了农村老龄化，缓解了城市老龄化，城乡老龄化倒置现象明显（朱勤，2014）。另一方面，人口年龄结构也对人口迁流产生影响。Chen 等（2010）发现，在中国，年龄和迁移决策间呈明显的倒 U 形结构。除前述心理成本和预期净收益渠道的作用外，我国的户籍制度和农村家庭养老模式也提供了一种可能的解释：现行的户籍制度对乡镇居民在获得医疗、养老保险和子女接受教育等方面都存在限制作用，农村老年人口仍主要依靠家庭养老，这增加了劳动力人口流动的成本，加大了迁移的心理成本（康传坤，2012）。

5.1.2.3　老龄化、替代迁移与房价的关系

近年来，我国学者已开始关注上述人口结构因素与房价的关系，研究可分为两方面：一是关注老龄化所导致的全域性房价的时序变化，考察"资产消融"效应的全域性作用。如哈继铭（2007）指出，此前推动中国房地产市场发展的重要引擎之一就是"人口结构"，到 2015 年这一引擎将会熄火。一些文献分析了人口年龄结构与住房需求的关系，结果显示在 2013 年后，随着人口年龄结构的老化，中国住房市场的需求会逐步下降（如，陈斌开等，2012）。另一些文献对人口老龄化指标与房价的关系进行了实证，发现扶老比和扶幼比对住房价格影响并不完全一致，与扶幼比上升会导致房价下降不同，扶老比上升反而会带来房价提高（如，徐建炜等，2012；陈国进等，2013）。二是考察人口流迁与区域房价差异的关系。李斌（2008）与高波等（2012）都考察了城市住房价值差异对人口流迁的影响，指出城市住房价值结构化加大流动者的迁移成本，是人口流迁的一种筛选机制。陆铭（2014）认为，在流动人口中，对房价产生影响的主要是城市的移民和收入比较高的人群。他指出，对一个城市而言，人口流入越多，其房价水平就会越高。

5.1.3 简评

综上所述，国外研究开始重视从微观视角探索复杂宏观经济问题，已指出人口年龄结构、人口流动与房价存在重要关联，"资产消融"效应的区域差异值得探究。但我们不能简单地比照发达国家经验来分析中国问题，老龄化、替代迁移与中国住房价格的关系问题与中国转轨经济时期的许多问题一样，带有浓厚的时代特征和中国印迹，其间牵涉到很多变量，国外理论难以完全解释。首先，就人口老龄化与住房价格的文献而言，大多数研究未考虑时间序列的非平稳问题，也较少进行分区域的研究。而若时间序列非平稳，则会出现伪回归问题，需以协整理论分析。同时，房价波动受多因素影响，存在区域性特征。这都使得前述研究尚可深入。其次，国内文献虽然间接指出了人口流动、老龄化与住房价格间存在一定的互动性，但是大多数文献将这种关联割裂为两方面单独探讨，或侧重于研究人口老龄化对全域性房价的影响，或侧重于研究人口流动与区域房价的联动关系，二者之间的内在统一性无从揭示，故此研究结论并不完全一致。这种割裂的原因在于这些研究主要集中在宏观层面，而没有从结构化的视角，在中国独有的人口流动特征下，从不同区域、不同层级城市的差异出发，将人口流动与老龄化水平纳入一个完整的理论框架，去考察人口结构对中国住房市场的中观效应。

基于此，本章节的研究分为两个部分，第一部分旨在通过区域异质性视角，着眼于国内不同地区经济社会发展的现实状况，区别不同地区和不同年龄阶段人口的差异和变化，以考察其对我国房价波动的影响，力图揭示出既有研究所忽视的微观主体在同质性和统一性的宏观变量下所体现出的差异性，以及由此所导致的政策措施缺乏精准性的问题。

为此，本书将全国分为东部、中部和西部，从面板协整理论出发，研究不同年龄段人口比例对房价的影响关系及其区域差异，期冀能合理解释人口年龄结构与房价的关系，深化我们对老龄化背景下房价变化规律的把握。第二部分将主要考察在老龄化背景下人口流动对不同级别城市住房价格的影响。从供给和需求角度同时出发，建立一般均衡模型，从理论上探讨人口流动、老龄化等因素影响住房价格的机理；在此基础上，实证分析人口流动、老龄化对住房价格的影响，重点关注影响的程度对于不同级别的城市是否存在异质性，并对现有的实证模型进行稳健性检验，提供一些政策启示。

5.2 人口老龄化对住房价格的影响

5.2.1 基本模型与变量说明

5.2.1.1 基本模型

人口结构变迁一般通过影响需求作用于房价。因此，本研究将参考相关文献的常用方法（如 Brown and Liu，2001；Stevenson，2008），通过求解住房需求方程的逆函数得到房价方程。

我们以市场交易量来衡量住房需求（假定市场交易量与住房需求成正比）。在标准的消费者需求函数中，实际收入和相对价格通常是最重要的解释变量。Chow（1957）指出，住房等耐用消费品的需求函数仍然可以比照这一标准形式处理。

基于这一理论基础，我们综合了两方面因素建立了住房需求方程。一方面，住房总需求量是不同年龄水平的所有个体消费的加总，人口规模的增加可能导致总需求变化；同时，根据前述"资产消融"假说，不同年龄个体的房产消费可能存在差异。因此，在建立住房需求函数时，需要剔除人口规模的影响，以人均实际收入来解释人均市场交易量；并出于本文研究的需要，引入人口年龄结构作为重要的解释变量。另一方面，房屋作为一种一次性购买、多期消费的持久消费品，其价格与购买和居住房屋所产生的全部成本存在密切联系。

综上，住房需求函数可表示为：

$$K/POP = f(Y/POP, \mu, G, Z) \tag{5-1}$$

其中，K 表示市场交易量，Y 表示实际收入，POP 表示人口规模，μ 表示住房的全部使用成本，G 表示人口年龄结构变量，Z 表示其他可能影响市场需求的因素。

显然，μ 是房价的函数。为便于实证分析，须将 μ 转换为由房价表述的函数关系。下面，我们将借鉴 *Meen*（1990）的跨期优化模型来得到这一关系。

假设消费者仅购买住房（H）和其他一般消费品（C）两种商品，H 表示住房存量（假定住房流量与住房存量成正比），C 表示一般消费品的消费量。

这里，H 和 C 都是时间 t 的函数，用 v 表示主观贴现率，则消费者的终身效用函数为：

$$\int_0^\infty e^{-vt} U(H(t), C(t)) dt \qquad (5-2)$$

假设没有信用限制，消费者可以以利率 r 借入或借出资金，并将一般商品的价格设定为 1。

可以得到消费者跨期消费行为面临的预算约束条件（5-3）式，即支出和储蓄之和等于收入。

$$p(t)X(t) + S(t) + C(t) = (1-\phi)Y(t) + (1-\phi)rA(t) \qquad (5-3)$$

其中，$p(t)$ 表示房价，$X(t)$ 表示新住房购买总量，$S(t)$ 表示总储蓄，ϕ 表示税率，$Y(t)$ 表示收入，$A(t)$ 表示消费者的金融资产，$(1-\theta)rA(t)$ 为金融资产的税后收益。

以（5-4）、（5-5）式描述房产存量与其他资产的动态变化。

$$\dot{H}(t) = X(t) - \delta H(t) \qquad (5-4)$$

$$\dot{A}(t) = S(t) - \pi A(t) \qquad (5-5)$$

其中，δ 表示住房折旧率，π 表示通货膨胀率，$(\cdot)$ 表示变量关于时间的导数。

在（5-3）、（5-4）、（5-5）式的约束下，最大化消费者的终身效用（5-2）式。根据汉密尔顿函数可以得到房产和复合消费品的边际替代率（U_H/H_C）方程：

$$U_H/U_C = p(t)[(1-\phi)r - \pi + \delta - rpe] \qquad (5-6)$$

其中，rpe 表示房产的预期收益率，U_H 和 U_C 分别代表住房和复合消费品的边际效用。按经济学的一般原理，当消费者实现效用最大化时，必须满足如下等边际原则：

$$U_H/\mu = H_C/1$$

即

$$U_H/U_C = \mu \qquad (5-7)$$

将（5-7）式代入（5-6）式，得到：

$$\mu = p(t)[(1-\phi)r - \pi + \delta - rpe] \qquad (5-8)$$

将（5-8）式代入（5-1）式，再对（5-1）式求逆，可以得到房价决定模型：

$$P = f(K/POP, Y/POP, r, \delta, \varphi, \pi, rpe, G, Z) \qquad (5-9)$$

因住房折旧率 δ 和税率 ϕ 的统计数据很难获得，且一般不随时间变化，可以将其归入截距项。同时，将所有价值变量都按物价指数剔除通货膨胀的影响，即可以不将通货膨胀率纳入模型。此外，简洁起见，将 Z 归入了残差项。

因此，根据理论模型（5—9）式，建立对数型计量经济模型（5—10）式，作为本研究实证分析的基础：

$$\ln p_{jt} = \alpha_0 + \alpha_1 \ln p_{jt-1} + \alpha_2 \ln y_{jt} + \alpha_3 \ln h_{jt} + \alpha_4 r_{jt} + \alpha_5 rpe_{jt} + \alpha_6 q_{jt}$$
$$+ \alpha_7 l_{jt} + \omega_j + \xi_{jt} \tag{5-10}$$

其中，r 和 rpe 表示的含义与式（5—6）相同，p、y、h 分别表示住房价格（PH）、人均实际收入（Y/POP）和人均市场交易量（H/POP），q 和 l 分别表示青年人口年龄比例和老年人口年龄比例，ω 为个体固定效应，j 表示各省份，t 表示年度，ξ 为随机扰动项。

5.2.1.2　数据说明

本研究使用除港澳台外全国 31 个省（直辖市/自治区）1998—2013 年年度数据，其中，利率 r 数据来自中国人民银行网站历次调整前后的五年期贷款基准利率，通过实际生效期间占全年天数之比将其加权处理为年度数据，又经各地消费者物价指数（CPI）消除了通货膨胀影响。其他变量数据来自历年《中国统计年鉴》与中国经济与社会发展统计库，处理如下：

（1）$p=$各地（住宅）商品房销售额/各地（住宅）商品房销售面积，又经以 1998 年为基期的各地 CPI 消除了通货膨胀因素的影响。

（2）$y=$各地人均名义 GDP/各地 GDP 平减指数。其中，GDP 平减指数由名义 GDP 除以实际 GDP 得到，实际 GDP 则通过以 1998 年为基期的 GDP 指数计算得到。

（3）$h=$各地住宅商品房销售面积/各地年均总人口。

（4）rpe 以文献中常用的近视预期法定义，公式如下：

$$rpe_{jt} = \frac{1}{2}\left[\frac{P_{jt}-P_{jt-1}}{P_{jt-1}} + \frac{P_{jt-1}-P_{jt-2}}{P_{jt-2}}\right] \times 100 \tag{5-11}$$

（5）q 与 l 由以下公式得到，其中人口数均为各地抽样调查样本数据。

$$q = (15 \sim 64 \text{岁人口数} / \text{总人口数}) \times 100$$
$$l = (65 \text{岁及以上人口数} / \text{总人口数}) \times 100$$

5.2.2　动态面板模型估计

5.2.2.1　面板单位根检验

为了避免伪回归，需要对面板数据序列进行单位根。鉴于本研究是平衡面板数据序列，针对平衡面板进行单位根检验的两种主要方法是 Im、Pesaran 和 Shin（2003）提出的 IPS 检验和 Levin、Lin 和 Chu（2002）提出的 LLC 检验。故本研究也沿用这两种方法进行检验，本研究所有估计和检验均使用 STATA/SE12.0 软件计算，结果如表 5-1 所示。

表 5-1　面板单位根检验结果

变量	水平值		一阶差分值	
	LLC 检验	IPS 检验	LLC 检验	IPS 检验
$\ln p$	−6.789* (0.058)	−1.416 (0.685)	−17.545*** (0.000)	−2.642*** (0.004)
$\ln y$	−1.843 (1.000)	−0.426 (1.000)	−15.240 (0.783)	−2.116 (0.617)
$\ln h$	−5.942* (0.065)	−1.276 (0.896)	−16.992*** (0.000)	−3.202*** (0.000)
r	−19.346 (1.000)	−3.290*** (0.000)	−30.210*** (0.000)	−4.584*** (0.000)
rpe	−21.479*** (0.000)	−3.264*** (0.000)	−25.925*** (0.000)	−3.801*** (0.000)
q	−8.391** (0.042)	−1.644 (0.218)	−21.894*** (0.000)	−3.301*** (0.000)
l	−7.193 (0.584)	−1.448 (0.619)	−21.746*** (0.000)	−3.223*** (0.000)

注：括号内为 p 值；＊＊＊、＊＊、＊分别表示在 1%、5% 和 10% 水平下显著拒绝"存在单位根"的假设

结果显示尽管大多数序列一阶差分后均平稳，但人均收入序列并不平稳，不宜直接使用面板误差修正模型。此外，由于本研究的数据为短面板数据，其截面特征比时序特征更突出。若使用广义矩估计等动态面板模型估计方法进行估计，则对数据平稳性的要求不高。故下面将使用动态面板模型方法对人口年龄结构与住房价格的关系进行分析。

动态面板模型能较好识别房价的惯性，但缺点是滞后因变量与误差项相关，存在内生性问题，这使得混合最小二乘估计（混合 OLS 估计）和固定效应估计（FE 估计）均有偏非一致，会高估和低估因变量滞后项的系数。Arellano 和 Bond（1991）提出了一阶差分广义矩估计方法（GMM-DIFF）来解决这一问题，基本思想是将水平方程变换为一阶差分方程，以水平值的滞后项为工具变量进行估计。但一阶差分 GMM 估计容易出现弱工具变量问题，

故 Blundell 和 Bond（1998）提出了系统广义矩估计法（SYS−GMM）对其修正，在估计过程中同时使用水平方程和差分方程，并以差分值的滞后项作为水平值的工具变量来提高估计结果的有效性。

因此，下面的分析主要采用系统广义矩估计，以三种方式使结果更稳健：一是使用稳健型标准差对异方差进行控制。二是鉴于 GMM 方法要求残差项不存在二阶序列相关和工具变量有效，故进行 AR（I）检验和 Sargan 检验。在 AR（I）检验中，原假设是残差项不存在 I 阶序列相关。在 Sargan 检验中，原假设是工具变量设定合理，以两阶段估计值进行判断[①]。三是采用混合 OLS 估计和 FE 估计作为滞后因变量一致性估计的上下限进行判断。

5.2.2.2　动态面板模型估计

首先，以全国所有省份的面板数据为样本，使用了四种方法对式（5−10）进行估计：混合最小二乘估计（OLS）、固定效应估计（FE）、系统 GMM 估计（SYS−GMM）和一阶差分 GMM（GMM−DIFF）估计。

由于人口变量一般很少受其他经济因素误差项的干扰，故在两种 GMM 估计中，将人口变量作为外生变量，而将其他变量作前定变量。表 5−2 显示了所有估计结果，两种 GMM 估计均使用稳健型标准差来控制异方差，通过 sargan 检验和 AR 检验可以初步判断两种 GMM 估计的有效性。从 sargan 检验结果看，二者的 p 值均高度接受原假设，即工具变量的设定合理。

表 5−2　中国 31 个省级行政区域动态面板数据估计结果

变量	混合 OLS	FE	SYS−GMM	GMM−DIFF
$\ln p$（−1）	0.678*** (5.62)	0.362** (2.40)	0.373** (2.55)	0.309 (1.72)
$\ln y$	0.176** (1.98)	0.393*** (2.98)	0.484*** (3.45)	0.423*** (5.02)
$\ln h$	−0.0513** (−2.04)	0.0126 (0.26)	−0.0215 (−0.28)	−0.0389 (−0.70)
r	0.00680* (1.842)	0.00911*** (4.269)	0.0135*** (3.761)	0.0112** (2.956)

---

① Arellano 和 Bond（1991）认为在采用两阶段估计后再进行 Sargan 检验更稳妥，但不建议使用两阶段估计进行统计推断。

变量	混合 OLS	FE	SYS-GMM	GMM-DIFF
rpe	0.00947 (1.13)	0.00907 (0.99)	0.00827 (0.96)	0.00814 (0.82)
q	−0.00543 (−1.27)	0.0110* (1.97)	0.0127 (1.55)	0.00952 (1.47)
l	0.00299 (0.59)	0.0174 (1.17)	0.0208 (1.37)	0.0104 (0.61)
常数	0.874** (2.11)	0.145 (0.26)	0.844 (1.23)	0.145 (0.23)
样本数	434	434	434	403
R^2	0.825	0.712		
AR（1）		0.127	0.041	AR（1）
AR（2）		0.183	0.094	AR（2）
sargan		1.000	1.000	sargan

注：$\ln p$（−1）表示因变量的滞后一期值；＊＊＊、＊＊、＊分别表示在1％、5％和10％水平下显著；AR（1）、AR（2）和 sargan 为各自检验的 p 值；除 sargan 检验是两阶段（非稳健）估计的结果以外，其余均为一阶段估计稳健标准差下的结果，括号内为 z 统计量

从 AR 检验的结果看，系统 GMM 估计为接受原假设，而一阶差分 GMM 估计是在10％的水平下拒绝原假设，表明系统 GMM 估计更符合应用条件。由于混合 OLS 估计和 FE 估计恰好提供了滞后因变量一致性估计的上下限范围，以此进一步鉴定两种 GMM 估计的有效性。结果显示，系统 GMM 估计的结果在这一范围内，而一阶差分 GMM 估计的结果有偏。可见，系统 GMM 估计结果更可信，下面仅就这一结果进行分析。

从表5-2可见，滞后因变量在5％水平下显著说明房价变化具有动态持续性，当期房价变动受到上一期房价变化的影响，房价变化存在显著的"棘轮效应"。由于控制变量对房价的影响与多数文献结果较一致，本书重点关注人口变量对房价的影响，计量结果显示，尽管不太显著，但各人口比例与房价均呈正向关系。进一步观察其弹性关系发现，青年人口比例和老年人口比例增长1％，房价分别增长1.27％和2.08％。值得思考的是，老年人口比例上升对房价的影响不仅与"资产消融"假说相悖，其弹性甚至比青年人口比例更高。

下面将全国 31 个省级行政区域分为三个地区：东部、中部和西部①。由于上文一阶差分 GMM 估计的结果不太稳健，这里仅使用系统 GMM 模型、辅以混合 OLS 模型和固定效应模型对各地区进行估计，其余设定和检验方法与上文一致，结果如表 5—3 所示。

表 5—3　东部、中部、西部省级行政区域动态面板数据估计结果

变量	东部			中部			西部		
	混合 OLS	FE	SYS—GMM	混合 OLS	FE	SYS—GMM	混合 OLS	FE	SYS—GMM
ln$p$ (−1)	0.92*** (21.93)	0.87*** (11.06)	0.87*** (15.30)	0.37 (1.66)	0.21 (1.22)	0.27 (1.74)	0.26 (1.35)	0.043 (0.32)	0.047 (0.36)
ln$y$	0.30 (1.47)	0.20 (0.97)	0.37 (0.7)	0.35* (2.49)	0.34** (3.36)	0.34*** (3.70)	0.43*** (3.51)	0.57*** (5.41)	0.55*** (7.27)
ln$h$	−0.087 (−0.87)	0.0045 (0.03)	−0.039* (−2.52)	−0.064 (−0.15)	0.088 (1.8)	−0.018 (−0.27)	−0.025 (−0.97)	−0.082* (−2.37)	−0.048 (−1.47)
r	0.013*** (3.92)	0.012** (3.78)	0.012*** (3.99)	0.010*** (4.93)	0.009** (4.98)	0.009*** (7.89)	−0.00064 (−0.47)	−0.00097 (−1.88)	0.008*** (13.86)
rpe	0.009* (2.47)	0.0056 (1.00)	0.0084* (1.99)	0.0077 (1.14)	0.012 (1.63)	0.011 (1.83)	−0.0021 (−0.29)	0.009* (2.63)	0.008*** (3.96)
q	−0.005 (−1.26)	−0.0013 (−0.23)	−0.0075 (−0.93)	−0.002 (−0.34)	0.0055 (1.28)	0.0018 (0.4)	−0.006 (−0.79)	0.013 (0.84)	0.018 (0.98)
l	−0.0021 (−0.45)	0.040 (1.58)	0.013 (0.87)	0.020 (1.63)	−0.0018 (−0.08)	0.016 (1.26)	0.022* (2.47)	0.077 (1.93)	0.042 (1.83)
常数	1.24 (1.24)	0.49 (0.62)	0.36 (0.87)	1.29* (2.34)	1.70* (2.98)	1.87* (2.35)	2.06** (2.86)	0.96 (1.66)	0.81 (1.12)
样本数	168	168	168	126	126	126	140	140	140
R^2	0.908	0.853		0.678	0.689		0.648	0.698	
AR (1)			0.069			0.207			0.146
AR (2)			0.206			0.084			0.949
sargan			0.206			0.084			0.949

注：ln$p$ (−1) 表示因变量的滞后一期值；＊＊＊、＊＊、＊分别表示在 1％、5％和 10％水平下显著；AR (1)、AR (2) 和 sargan 为各自检验的 p 值；除 sargan 检验是两阶段（非稳健）估计的结果以外，其余均为一阶段估计稳健标准差下的结果，括号内为 z 统计量

---

　　① 东部地区：北京、天津、辽宁、河北、上海、江苏、浙江、福建、海南、山东、广西和广东。中部地区：山西、吉林、内蒙古、黑龙江、安徽、河南、江西、湖北和湖南。西部地区：四川、重庆、西藏、贵州、云南、甘肃、陕西、青海、宁夏和新疆。

从各检验结果看，各系统 GMM 模型均在 5% 的水平下接受 AR 检验的原假设，且高度显著的拒绝 sargan 检验的原假设。同时，其滞后因变量的系数都在混合 OLS 估计和 FE 估计结果所构成的合理范围内，可以认为系统 GMM 模型估计结果合理。从滞后因变量的估计结果看，滞后因变量在东部呈现显著的正影响，影响系数高达 0.869，说明东部房价的增长幅度较大程度取决于历史房价增长幅度。从控制变量的估计结果看，与传统理论较一致。

从人口变量的估计系数看，尽管估计量并不显著，但其区域差异仍然值得我们关注，总结如下：①青年人口比例在东部、中部和西部地区的影响方向不同，在东部地区呈现负效应，在中部和西部地区呈现正效应，以西部的弹性最大。具体而言，在东部地区，青年人口比例每上升 1%，房价会下跌 0.75%。在西部地区，该变量每上升 1%，房价仅上升 1.8%，比中部地区高出 1.6%。②老年人口比例在各地区都呈现正效应，仍然是在西部地区的弹性最大。在西部地区，该变量每增加 1%，房价将上升 4.2%，比中部和东部地区各高出 2.6% 和 2.9%。

5.2.3　面板协整误差修正模型估计

5.2.3.1　面板单位根与面板协整检验

在上文中，由于人均收入不是一阶单整序列，存在伪回归的可能。而在既有文献中，人均收入有多种衡量方式，不同的衡量方式可能导致不同的时间序列性质。此外，如前所述，Siegel（2005）指出资本流动可能抵消人口结构对房地产市场的影响。

因此，为了检验前述动态面板估计结果的稳健性，更改了一些数据和变量来重新进行计量分析。具体如下：①以城镇人口可支配收入代替人均实际 GDP 来衡量人均收入；②认为外资流入可能是影响房价的重要因素之一，将式（5—9）中的变量 Z 具体化为外资流入 fdi；③考虑到实际利率的计算应该是名义利率减去预期通货膨胀率，而不是真实的通货膨胀率，故采用卡尔曼滤波估计了预期的通货膨胀率[①]，以此重新计算实际利率；④由于（住宅）商品

[①] 根据 Hamilton（1985）的思想，使用 eviews8.0 软件，基于可观测的名义利率和通货膨胀率，假设预期通货膨胀率和实际利率均服从向量自回归过程，在理性预期假设下将其转化为状态空间模型，用卡尔曼滤波估计出不可观测的预期通货膨胀率。通货膨胀率界定为：$\pi_t = CPI_t - 100$，CPI_t 表示居民消费价格指数（上年＝100）。因高阶滞后项的显著性不佳，所有变量均取一阶滞后。

房的相关数据主要是城镇住房的数据，故在人均化的过程中应以城镇人口为基准重新进行处理。

基于上述更改，在（5—10）式的基础上，重新构建模型如下：

$$\ln p_{j,it} = \omega_j + \alpha_{j2}\ln k_{j,it} + \alpha_{j3}\ln y_{j,it} + \alpha_{j4}r_{j,it} + \alpha_{j5}rpe_{j,it} + \alpha_{j6}q_{j,it}$$
$$+ \alpha_{j7}\ln l_{j,it} + fdi + \varepsilon_{j,it} \tag{5-12}$$

其中，k 由（住宅）商品房销售面积除以各省年均非农人口得到；y 来自城镇人口可支配收入；r 为名义利率减去预期通货膨胀率；fdi 为各省实际使用外商直接投资额，经年均汇率转换为人民币表示；其他变量同前。

为避免伪回归，仍然利用 LLC 检验和 IPS 检验对数据进行平稳性检验。检验结果见表 5—4。

表 5—4　面板单位根检验结果

变量	水平值		一阶差分值	
	LLC 检验	IPS 检验	LLC 检验	IPS 检验
$\ln p$	−7.223 (0.0519)	−2.111 (0.270)	−16.197*** (0.000)	−2.032*** (0.000)
$\ln k$	−6.473 (0.2235)	−1.833 (0.818)	−16.750*** (0.000)	−1.909*** (0.003)
$\ln y$	−13.448 (0.7519)	−2.141 (0.219)	−20.794*** (0.0003)	−2.193*** (0.000)
r	−19.701 (1.000)	−3.070*** (0.000)	−29.049*** (0.000)	−3.711*** (0.000)
rpe	−11.056 (0.8708)	−1.682 (0.959)	−25.346*** (0.000)	−1.937*** (0.001)
fdi	−15.303 (1.0000)	−2.016 (0.462)	−12.450*** (0.0054)	−1.897*** (0.003)
q	−6.672 (0.8278)	−1.324 (0.632)	−18.814*** (0.000)	−2.721*** (0.000)
l	−5.186 (0.9998)	−1.116 (0.927)	−18.826*** (0.000)	−2.423*** (0.000)

注：（1）＊＊＊、＊＊、＊各表示在 1％、5％和 10％水平下拒绝"面板中所有截面对应的序列都非平稳"的原假设；（2）括号内为 p 值

可见，各序列的水平值基本不平稳，但一阶差分后均为平稳序列，说明序列间存在协整的可能。进而采用 Westerlund（2007）的方法进行面板协整检

验，分别考察青、老年人口比例与房价之间的协整关系。

Westerlund（2007）面板协整检验包含 4 个统计量，原假设都是没有协整关系，备择假设分为两类，一是至少存在一对协整关系（Gt，Ga），二是面板整体上存在协整关系（Pt，Pa）。表 5-5 显示，各统计量的 p 值均在 5％水平下拒绝了原假设，说明房价与人口结构变量间有长期均衡的协整关系。

表 5-5　面板协整检验结果

统计量	q			l		
	统计值	z 值	p 值	统计值	z 值	p 值
Gt	-3.732***	-9.538	0.000	-3.946***	-11.025	0.000
Ga	-25.23***	-11.159	0.000	-32.45***	-17.199	0.000
Pt	-13.4**	-1.906	0.028	-14.95***	-3.711	0.000
Pa	-15.705***	-6.293	0.000	-22.199***	-12.346	0.000

注：＊＊＊、＊＊、＊各表示在 1％、5％和 10％水平下拒绝原假设

5.2.3.2　面板误差修正模型估计

1. 计量模型与估计方法

房价和人口变量间存在协整关系，意味着即使出现短期偏离均衡的现象，也会通过对误差的修正重返均衡。误差修正模型可以将长期均衡与短期波动结合在一起，因此，下面将借助面板误差修正模型来估计人口结构对房价的影响，构建面板误差修正模型如下：

首先，根据式（5-12）建立对应的分布滞后自回归模型（ARDL）。在构建模型之前，需要选择适当的滞后阶数。基本步骤是先对各变量充分滞后，再依据 AIC 准则、SBC 准则和 LR 统计量进行筛选[①]。鉴于本书是年度数据，按通行做法，将最大滞后期设为 4。滞后 0~4 阶的 AIC 值和 SBC 值如表 5-6 所示。从表 5-6 可见，AIC 准则以滞后 2 期为最优，而 SBC 准则和 LR 值都以滞后 1 期为最优[②]，故选择 $ARDL$（1，1）这一模型形式。

---

① 用 microfit5.0 进行检验，在 microfit5.0 中，$AIC_t = LL_t - S_t$，$SBC_t = LL_t - (S_t/2) \ln N$，其中 t 为滞后项，LL_t 为最大似然估计值，S 为自由度，N 为样本容量。AIC 和 SBC 取最大值时表示模型的最优估计。

② 为保证结果的稳健性，我们以 $ARDL$（2，2）做了估计，发现估计结果差异不大。

表 5-6　ADRL 模型滞后阶数选择标准

滞后阶数	*AIC*	*SBC*	*LR*
0	−63.4828	−11.23002	417.6967（0.000）
1	220.7685	151.1675*	170.9938（0.860）*
2	228.7201*	73.9161	136.7021（0.283）
3	205.2752	35.4425	75.0451（0.163）
4	138.2349	16.9379	—

注：* 表示根据本标准选择的滞后阶数；*LR* 为序列调整的 *LR* 检验统计量，括号内为对应的 *p* 值，*AIC* 为赤池信息量准则，*SBC* 为施瓦尔茨信息量准则

根据（5-12）式，可以得到对应的 *ARDL*（1，1）为：

$$\ln p_{j,it} = v_j + \lambda_{j0}\ln p_{j,it-1} + \lambda_{j1}\ln k_{j,it} + \delta_{j1}\ln k_{j,it-1} + \lambda_{j2}\ln y_{j,it} + \delta_{j2}\ln y_{j,it-1}$$
$$+ \lambda_{j3}r_{j,it} + \delta_{j3}r_{j,it-1} + \lambda_{j4}rpe_{j,it} + \delta_{j4}rpe_{j,it-1} + \lambda_{j5}fd_{j,it} + \delta_{j5}fd_{j,it-1} + \lambda_{j6}q_{j,it}$$
$$+ \delta_{j6}q_{j,it-1} + \lambda_{j7}l_{j,it} + \delta_{j7}l_{j,it-1} + \varepsilon_{j,it} \tag{5-13}$$

由于各变量满足协整要求，协整变量的基本特征是对偏离长期均衡有所反应，从而可以将式（5-13）转换为如下面板误差修正模型：

$$\Delta\ln p_{j,it} = \mu_j + \beta(\ln p_{j,it-1} - \theta_{j1}\ln k_{j,ti} - \theta_{j2}\ln y_{j,ti} - \theta_{j3}r_{j,ti} - \theta_{j4}rpe_{j,ti} -$$
$$\theta_{j5}fd_{j,ti} - \theta_{j6}q_{j,ti} - \theta_{j7}l_{j,ti}) + \gamma_{j1}\Delta\ln k_{j,it} + \gamma_{j2}\Delta\ln y_{j,it} + \gamma_{j3}\Delta i_{j,it} + \gamma_{j4}\Delta rpe_{j,it}$$
$$+ \gamma_{j4}\Delta rpe_{j,it} + \gamma_{j5}\Delta fd_{j,it} + \gamma_{j6}\Delta q_{j,it} + \gamma_{j7}\Delta l_{j,it} + \varepsilon_{j,it} \tag{5-14}$$

其中，括号内的序列组合反映房价偏离长期均衡的程度，差分项反映各变量的波动。β 是调整系数，反映误差修正速度，若为负值，则表示偏离均衡的误差得以修正；反之，则表示变量间不存在长期的动态调整关系。θ 和 γ 表示各自变量对房价变动的长期和短期影响。

目前，面板误差修正模型的估计方法主要为：组平均（*MG*）估计、混合组平均（*PMG*）估计与固定效应动态面板（*DFE*）估计。这三种方法的有效性逐渐递增。因此，可以采用 Hausman 检验将 DFE 估计与前两种方法进行比较，来选择最佳估计。Hausman 检验的原假设是不同方法所估计出的系数都是一致的，如果接受原假设，则说明应选择 *DFE* 估计，因为它既一致又最有效。反之，则放弃 *DFE* 估计，继续对 *MG* 估计和 *PMG* 估计进行比较。

2. 估计结果

首先，基于全国所有省份的面板数据，使用 *MG* 估计、*PMG* 估计和 *DFE* 估计对（5-13）式进行估计，同时采用 Hausman 检验来考察 DFE 估

计的一致性，表 5-7 显示了各估计结果。从 Hausman 检验的结果看，p 值均高度接受了原假设，意味着 DFE 估计的结果更合适。

表 5-7　我国 31 个省份面板误差修正模型估计结果

变量		PMG 估计		MG 估计		DFE 估计（1）		DFE 估计（2）	
		系数值	z 值	系数值	z 值	系数值	z 值	系数值	z 值
长期影响	调整系数 β_1	−0.557*	−2.19	−0.921	−1.06	−0.696***	−12.42	−0.687***	−12.57
	截距项 μ_1	0.0685	1.22	1.197	0.13	−0.962	−1.72	—	—
	ln$k$	0.0225	0.60	−0.1634	−0.51	−0.1317	−1.56	—	—
	ln$y$	0.5533***	9.32	0.2549	0.32	0.7250***	6.32	0.6563***	9.19
	r	0.0708***	3.90	−0.0240	−0.35	0.0469	1.03	0.0611	1.36
	rpe	0.552***	9.43	0.2118	1.35	0.0380	0.86	0.0486	1.14
	fdi	0.8655***	8.32	1.6568	1.72	0.0703	0.40	—	—
	q	−0.177**	−3.15	1.8735	1.50	0.0082	0.10	0.0047	0.06
	l	−0.016	−0.52	0.8362	1.05	0.2498**	2.82	0.1849*	2.41
短期影响	Δln$k$	−0.038	−0.31	−0.3492	−1.63	0.0565	0.74	—	—
	Δln$y$	−0.023	−0.04	−1.4988	−0.38	0.0603	0.52	0.0681	0.59
	Δr	−0.004	−0.22	0.0774	0.60	−0.0164*	−2.40	−0.0213*	−2.36
	Δrpe	0.1346	0.72	1.8975	1.86	0.0787**	2.65	0.0683*	2.39
	Δfdi	−0.503	−1.16	2.7879	0.99	−0.1088	−0.66	—	—
	Δq	0.3371	1.75	0.0364	0.01	0.0496	1.05	0.0519	1.10
	Δl	−0.093	−1.86	1.9935	1.61	−0.17**	−2.84	−0.0432*	−2.48
PMG 和 DFE 模型的 Hausman 检验 p 值		0.9241				MG 和 DFE 模型的 Hausman 检验 p 值		1	

注：（1）＊＊＊、＊＊、＊各表示在 1%、5% 和 10% 水平上显著。（2）DFE 估计（1）、（2）分别表示包含全部控制变量和去掉不显著的控制变量后的 DFE 估计结果

下面针对这一估计结果进行分析。DFE 估计的结果显示，误差修正速度为负，说明存在误差修正机制。

重点关注人口结构对房价波动的影响。计量结果显示，无论在长期还是短期，青年人口比例对房价波动的影响都不显著，说明青年人口比例增减不是导

致房价变动的主要原因。而老年人口比例对房价波动的影响在长期和短期都较显著，但呈现出不同的效应。短期内，老年人口比例对房价的短期弹性为负（−0.17）。但在长期，老年人口比例的上涨反而会使房价上升，老年人口比例每增加一个标准差，房价上升 0.25%，这一结论与"资产消融"假说相悖，但与国内文献结果基本相符[①]。

比较人口与其他控制变量的影响可见，预期是重要的短期影响因素，其弹性（0.079）高于实际利率所产生的负向影响。而收入是最重要的长期影响因素，收入每增加一个标准差，会导致房价上升 0.73%。此外，剔除不显著的解释变量（k、fdi）后，其他解释变量的显著性和符号都没有发生显著变化，说明在我国，国际资本的流动对"资产消融"效应并无很强的影响。

下面进行东、中、西部区域的分析，对各区域的估计仍然先采用三种估计方法，再由 Hausman 检验比较其适用性，结果发现在各区域，DFE 估计仍然一致且更有效，DFE 估计结果如表 5−8 所示，下文就此进行分析。从调整系数看，在各区域的估计结果都为负，符合反向修正机制。

表 5−8　东、中、西部省份面板误差修正模型估计结果

变量		东部		中部		西部	
		系数值	z 值	系数值	z 值	系数值	z 值
调整系数 β_j		−0.437*	−3.10	−0.863***	−8.35	−0.944***	−10.68
截距项 μ_j		−0.280	−1.28	−1.522	−0.89	−0.542	−0.43
长期影响	ln$k$	1.4827	0.19	−0.1496	−0.49	−0.2981	−1.65
	ln$y$	1.3313***	5.65	1.0267***	3.43	0.8747***	4.24
	r	0.5167***	3.70	0.1489	1.41	0.0331	0.38
	rpe	0.4262***	4.32	0.3450**	3.20	−0.1570	−1.62
	fdi	−0.1058	−0.93	−0.2453	−1.25	0.0831	0.33
	q	−0.8129*	−2.45	0.0535	0.35	0.0644	0.44
	l	0.0032	0.05	−0.0543	−1.14	0.0846	1.36

---

① 系数符号与前期文献的结果一致，只是参数值和显著性上存在差异。同时，前期文献的人口变量设定与本文略有差异，系数也未进行标准化处理，并不宜与本书进行参数值的直接比较。

98

续表

变量		东部		中部		西部	
		系数值	z 值	系数值	z 值	系数值	z 值
短期影响	$\Delta \ln k$	0.1292	1.5	−0.1011	−0.31	0.0669	0.36
	$\Delta \ln y$	0.0321	0.15	−0.2616	−0.29	0.1257	0.85
	Δr	−0.0794	−1.11	−0.0619	−1.05	−0.0404	−0.76
	Δrpe	−0.0750	−0.47	−0.1501	−1.86	0.2689**	3.06
	Δfdi	0.6349	1.42	0.0392	0.15	0.2086	0.64
	Δq	0.2631	0.99	0.0040	0.04	0.1691	1.32
	Δl	−0.2704	−3.33	0.0967	0.65	−0.1416	−0.71

注：＊＊＊、＊＊、＊各表示在1％、5％和10％水平上显著

此外，该系数值在各地区存在差别，表明房价在各区域回归到均衡水平的速度不同。其中，东部回归均衡水平的速度最慢，反映出东部地区的房价刚性更大。从解释变量的系数估计值看，存在的区域差异值得关注。总结如下：①在东部地区，收入、青年人口比例、预期和实际利率都是重要的长期影响因素。青年人口比例的影响程度仅次于收入，青年人口比例增加一个标准差，会导致房价下降0.81％。②在中部地区，人口结构变量对房价长期的作用方向与"资产消融"假说相符，影响程度也很接近，都是每变化一个标准差，导致房价变化0.05％。但它们的影响并不显著，收入和预期是中部地区最重要的长期影响因素。③在西部地区，收入是最重要的长期影响因素，而预期是最重要的短期影响因素。人口结构变量从长期看会带来正向影响，但并不具备很强的解释力。老年人口的影响略大于青年人口的影响，老年人口比例每增加一个标准差，房价上升0.08％，比青年人口的影响多0.02％。

5.2.4 实证结果分析

5.2.4.1 总结性分析

综上，我们旨在研究人口年龄结构对住房价格的影响。为了保证结果的稳健性，我们对部分控制变量数据进行了不同的处理，并根据不同的数据序列特征，利用了动态面板模型与面板协整误差修正模型两种方法进行实证，得出了较为一致的结论，分析如下：

　　首先，全国老年人群对房价长期存在显著的推动作用，分区域的考察也未出现明显的负作用，与"资产消融效应"假说相悖。原因可能是：①高储蓄率与投资渠道匮乏。中国的高储蓄人群主要是受益于改革开放进程的老年人群[①]，投资渠道的匮乏的现状提高了他们对房产的投资需求，导致对房价波动的正向影响。②住房需求多元化。大多数老年人群都享受了早期的政策性住房，随着房屋的老化以及布局不合理等问题的凸显，部分老年人群产生了改善性住房需求。此外，人口流动和城镇化发展，使得老年人群投靠外地子女的比例不断攀升，导致了老年人群的跨区域购房需求。这些需求都可能导致房价上升。③家庭规模小型化与代际储蓄转移。我国家庭户规模呈现小型化趋势，已由1982年第三次人口普查的4.4人/户持续下降到2010年第六次人口普查的3.1人/户[②]，这意味着住房套数需求的增加；此外，表5-9显示，在住房按揭贷款首付款的来源中，存在老年人群对青年人群购房的资金支持，以东部地区为甚。储蓄的代际转移使得老龄人群成为部分婚房的实际购买方，增加了老年人群对房价上升的推动力。

表5-9　首付款来自父母赠予的比例

	全国	东部	中部	西部
首套房	13.98%	17.27%	10.71%	4.94%
第二套房	13.82%	16.51%	0.00%	15.79%
第三套房	16.67%	18.18%	16.67%	0.00%

　　注：根据西南财经大学2011年12月组织的"中国家庭金融调查"（CHFS）计算得到，供本课题组使用的样本量为8798个

　　其次，在全国与中部、西部地区，青年人群与房价波动的关系符合"资产消融"效应。但在东部，青年人群却对房价呈现负向影响，与该效应相悖。

　　这可能是因为本文的人口数据主要是户籍人口和常住人口数据，而东部地区存在大量的外来人口和投机性需求（如况伟大，2009），这推动了东部房价的上涨，使得部分本地户籍青年人群的支付能力不足，只能望房兴叹。房价收入比的区域异质性也可以佐证这一观点，上海易居房地产研究院2015年8月发布的报告显示，2014年全国30省房价收入比，呈现东、中、西梯度递减的

[①] Chamon and Prasad（2010）发现，户主年龄与储蓄间呈倒U形结构，老龄家庭的储蓄率高于工作年龄段的家庭。陈斌开和李涛（2011）实证指出：在我国，年龄与家庭净资产间呈显著正向关系。
[②] 数据来源：中国国家统计局网站发布的第三次全国人口普查公告与第六次全国人口普查公告。

态势，且东部地区与中西部地区差距相当悬殊。

简言之，受我国经济区域发展不平衡的影响，部分东部核心城市具有较强的人口聚集能力，大量有购买力的外来购房者推高了房价。但这些购房者的收入并非都来自东部地区，导致东部核心城市的房价收入比持续攀升，本地青年人群与房价间呈现反向关系。

第三，从人口结构对房价长期影响的统计显著性可见，在全国，统计显著的只有面板误差修正模型估计中的老年人群，反映出在人口年龄结构层面，老年人群是房价上行的主动力。而人口变量在区域分析中不显著，原因可能是购买力不足。人口结构变迁会影响潜在的房产需要，但其能否向有效需求转化，取决于购买力。购买力不足会导致人口变迁对房价的影响难以显现。

5.2.4.2　基于微观层面的剖析

如前所述，我们认为储蓄、住房需求多元化以及家庭结构是造成老年人口比例对房价效应为正的主要原因。下面，我们将基于前述"中国家庭金融调查"（CHFS）所提供的个体特征数据予以实证检验。

由于储蓄与房价间存在复杂的内生关系[①]，我们将主要考察家庭结构和住房需求多元化的作用。一般说来，个体特征通过影响住房购置行为作用于房价。

因此，我们以自有房屋套数 HI 为因变量，代表住房购置行为；以家庭成人规模 fam 作为家庭结构的代理变量，以房产来源 wel（是福利分房＝1，否＝0）作为改善性需求的代理变量，以户主的年龄 age 作为年龄效应的代理变量。

此外，还加入了人力资本（以教育程度 edu 代表，用 1、2、3、4 指代本科以下、本科、硕士、博士）、家庭总收入的自然对数（以 inc 表示）等其他可能影响住房需求的特征作为控制变量，构建了排序概率比（Ordered probit）模型（5-15）、（5-16）、（5-17）式进行分析。

其中，模型（5-16）和模型（5-17）分别用于考察房产来源与年龄，家庭成人规模与年龄的交互关系。

$$HI = \alpha + \beta_1 age + \beta_2 wel + \beta_3 fam + \beta_4 edu + \beta_5 inc + \varepsilon \quad (5-15)$$

$$HI = \alpha + \beta_1 age + \beta_2 fam + \beta_3 (wel \times age) + \beta_4 edu + \beta_5 inc + \varepsilon$$
$$(5-16)$$

[①] 部分文献可为本文观点提供旁证。如陈斌开和杨汝岱（2013）实证发现，老年人受住房价格的冲击依然很大，住房价格越高，其储蓄率也越高。

$$HI = \alpha + \beta_1 age + \beta_2 wel + \beta_3 (fam \times age) + \beta_4 edu + \beta_5 inc + \varepsilon$$

$$(5-17)$$

结果（见表5—10）显示：①与前述实证结果一致，户主年龄与住房购置行为正相关，户主年龄越高，投资房产的可能性越大。②尽管结果并不显著，但经历福利分房的住户有多套房的优势。从模型（5—15）的回归结果可见，在同样享受福利分房制度的人群中，随着年龄的增加，其在房产方面的消费投资需求会增大。这些实证结果与前文的观点基本一致。③家庭成人规模越大，有多套住房的比例显著增加。这一结果反映了前述观点，即结婚事件可能增加购房需求。

表5—10　oprobit 模型回归结果

	模型（15）		模型（16）		模型（17）	
	回归系数	z 值	回归系数	z 值	回归系数	z 值
年龄	0.241*	2.11	0.115*	2.27	0.165*	2.33
福利分房	0.0436	1.38	—	—	0.0163	1.60
家庭成人规模	0.282*	2.44	0.0755*	2.30	—	—
年龄*福利分房	—	—	0.0518	1.70	—	—
年龄*家庭成人规模	—	—	—	—	0.0106	1.33
教育程度	0.0332	0.09	−0.00282	−0.01	−0.163	−1.60
收入	0.204***	4.38	0.206***	4.41	0.196***	4.24
样本量	1239		1239		1239	
Pseudo R^2	0.0276		0.021		0.0243	

从模型（5—16）的回归结果可见，相同家庭规模的人，年龄越大，购置房产的需求越高，这个结果可能反映了前述观点：我国父母为子女购房的事实。

5.2.5　小结

根据上述实证结果可以得到如下基本结论：

第一，人口年龄结构与房价间存在协整关系，估计结果显示，全国老年人群对房价存在长期的推动影响。此外，人口年龄结构对房价的影响呈现区域异质性。东部青年人群对房价的长期负向影响，可能说明了东部地区的房价与本地青年人群收入不协调，住房资源配置不均，部分城市房价虚高。同时，计量结果的不显著性反映出房价可能已背离了需求者的购买力。

第二，但上述计量结果产生于中国经济转型的特定阶段，与经济转轨以来金融发展程度、社会福利制度、社会保障制度、城乡二元结构等多种因素相关。在"新常态"的背景下，改善性需求已经放缓；利率市场化与理财产品的快速发展，资本账户的逐渐开放拓展了居民投资渠道；同时，全国大部分城市房价增长已趋缓或持平，房价投资回报率随之下降；这些都使得房地产投资的吸引力相对下降，老龄人群对房价的拉动作用可能出现逆转。

第三，从长期看，老龄人群房产需求的支撑因素正在削弱。随着主力购房人群向青年人群的回归，人口结构变迁会否导致房价的长期下降，取决于城镇化进程中，刚需人群与购买力之间的矛盾能否有效解决。在城镇化速度放缓的大背景下，提高户籍人口城镇化率已成为"十三五"规划中城镇化的核心目标，其所带来的改革红利将成为影响人口老龄化与房价关系未来趋势的重要因素。随着农业转移人口的"市民化"，城镇住房市场的潜在需求将不断壮大。此外，"全面放开二胎政策"也会带来青年人群的改善性住房需求。但这些需求能否有效释放，关键仍在于购买力的支撑。

基于上述分析，有如下政策启示：

一方面，适应人口结构变化和城镇化发展进程，适时调整房地产行业发展战略。一是从调整住房供需结构出发，通过税收和金融等多种手段来提升中低收入人群的购买力，坚定不移地推动房产税改革来合理调节投资型需求者的购房需求；通过建立健全市场信息沟通共享、减低税费等手段提高二手房市场活力，使部分的住房需求得以通过存量住房加以消化，尤其应避免房地产泡沫破裂引发房价的极速下跌。二是以统筹城乡发展的战略来引导城镇化建设向纵深迈进，逐步引导青壮年人群在地域间合理迁移，避免对部分区域的住房需求产生过度集中的压力。三是逐步降低房地产行业在经济发展中的比重，防止畸形房价对城市经济发展竞争力造成损害。

另一方面，做好人口老龄化背景下，我国住房价格可能迅速逆转以及由此对经济社会造成冲击的应急措施准备。一是强化房价波动作出前瞻性的监测预警，使相关信息公开透明，便于社会公众和房地产企业了解发展现状和风险隐患，并能做出合理预期。二是预见性地构建应对老龄化所导致房价波动的决策机制，在增强原有政策框架下的政策弹性和灵活性前提下，加快推进养老和医疗制度改革，引导人们合理配置家庭资产结构，防止房地产价格剧烈波动对国民经济的影响。

5.3   老龄化、人口流动与住房价格

5.3.1   理论模型

在本部分，我们从消费者和房地产开发商角度出发，建立了基于房地产供给、需求角度的一般均衡模型。在这里，我们更多地考虑人口流动、人口结构变迁对房地产市场的影响，而忽略了其对劳动力市场的冲击。新古典理论关于劳动力市场方面着重强调人口流动是关于两地工资差异的因变量（Bauer 和 Zimmermann，1998）。因此，我们在这里认为人口流动活动是工资水平的结果，不对人口流入流出地的工资水平造成影响，也不影响两地房产商的生产成本。并且，由于模型的复杂性，我们在这里并没有考虑动态效应以及财政货币政策变动对住房市场均衡价格的影响。

我们模型的思路主要分为以下三步：首先，依据住房需求方的效用最大化的理论分析用户消费结构，推导出住房需求方程；其次，从住房供应方的利润最大化的角度考虑住房供应方程的建立；最后，连接需求方程和供应方程，得到一般均衡解，以此说明人口结构、人口流动与住房市场均衡价格之间的关系。

5.3.1.1   住房需求方程

假设购房决策只存在于工作者，而对于工作者而言，其工作的总时间为 W，工资率为 w，总收入为 wW。但是，由于少年和老年人口的存在，这些工作者收入的一部分将会通过各种转移支付手段转移给无工作者（这里我们将主要指老人与孩子，假定就业率为 100%，忽略失业人口的影响），我们假定 $t-1$ 期这个转移支付比例为 δ_{t-1}（δ_{t-1} 将和人口抚养比高度相关），则对于就业者而言，其实际可支配收入为

$$(1-\delta_{t-1})wW$$

在这里，我们假定人口流动全部集中在劳动力之间，忽略原有人口的结构变化，t 期由于人口流动导致劳动力增加的比例为 m，故而对于所有工作者而言，其个人所需要的转移支付的比例降低，实际收入变为

$$(1 - \frac{\delta_{t-1}}{1+m})wW$$

与此同时，对于个人而言，其工作时间由其所能提供的最大工作时间和想要用于享受的空闲时间所决定，因此，实际的工作时间 W 应等于最大的工作时间（M）减去用于享受的空闲的时间（L）。故而上一步的收入进一步转化而以下形式

$$(1 - \frac{\delta_{t-1}}{1+m})w(M - L)$$

上面这个式子，表示的是住房购买者实现效用最大化目标的约束方程。而在实现效用最大化的问题上，本文借鉴了 Bruyne 和 Hove（2012）的处理方式。我们假设消费者的效用函数满足 Cobb–Douglas 效用函数的形式，工作者需要在工作以及空闲时间上作出权衡，工作占 α 的比重，而工作时间（或者说收入）占 $1-\alpha$ 的比重。这里的空闲和工作都表现为时间的货币价值。而对于收入所得，忽略投资行为，工作者需要在普通消费品（C）和房屋（H）进行再次权衡。为了充分反映两者之间的关系，我们再次使用 Cobb–Douglas 效用函数，消费者消费普通消费品占 β 的权重，消费房屋占 $1-\beta$ 的比重。所以，购房工作者的效用函数如下所示

$$U_{\max} = L^{\alpha}C^{\beta(1-\alpha)}H^{(1-\beta)(1-\alpha)}$$

而预算约束则表现为

$$(1 - \frac{\delta_{t-1}}{1+m})w(M - L) = p_cC + p_hH$$

注：p_c 为普通消费品的综合价格，p_h 为房屋的价格。

根据拉格朗日求极值方法，我们构建新函数

$$U_{\max} = L^{\alpha}C^{\beta(1-\alpha)}H^{(1-\beta)(1-\alpha)} + \left[(1 - \frac{\delta_{t-1}}{1+m})w(M - L) - p_cC - p_hH\right]$$

所以该问题进一步简化为

$$\frac{\partial Y}{\partial L} = \alpha L^{\alpha-1}C^{\beta(1-\alpha)}H^{(1-\beta)(1-\alpha)} - \lambda(1 - \frac{\delta_{t-1}}{1+m})w = 0$$

$$\frac{\partial Y}{\partial H} = (1-\beta)(1-\alpha)L^{\alpha}C^{\beta(1-\alpha)}H^{(1-\beta)(1-\alpha)} - \lambda p_h = 0$$

联立以上两式，可以得到，基于个体的住房需求方程

$$H = \frac{(1 - \frac{\delta_{t-1}}{1+m})(1-\beta)(1-\alpha)wL}{\alpha p_h}$$

如果 $t-1$ 期的劳动力人口为 P_{t-1}，则 t 期的劳动力人口为（$1+m$）

P_{t-1}，则住房总需求（D）为

$$D = (1+m)P_{t-1}H = \frac{(1+M-\delta_{t-1})(1-\beta)(1-\alpha)wL}{\alpha P_h}P_{t-1}$$

5.3.1.2 住房供给方程

在住房市场供给模型的构建中，本文借鉴了况伟大（2010）的做法，我们从微观角度入手，根据供应商的利润最大化诉求来建立供给方程。我们假定$t-1$期时住房市场上房屋的存量为H_{t-1}。而对于单个厂商而言，决定是否进行住房开发的时间点是$t-1$期，而住房建成并予以供应是在t期实现。对于$t-1$期的单个厂商，其开发受到市场预期价格的影响，以期实现收益的最化。用公式表示如下

$$R_{\max} = p^e h - F - ch - iK_{t-1}$$

注：p^e为预期房价，h为某个供应商的房屋供应量。F为固定成本，ch为变动成本。K为最开始的资本存量，i为供应商投入资本所需的必要收入率。

在这里，我们认为房地产开发商的预期为理性，且所有开发商等质，因此，其$t-1$期时对市场的预期价格为t期时房地产的价格。开发商的面临的市场选择变为

$$R_{\max} = p_h h - F - ch - iK_{t-1}$$

同时，开发商的资本投入受到原始资本存量的预期，其限制表现为

$$K_{t-1} = F + ch$$

假设市场为完全竞争市场，则不存在超额收益率，则$R = 0$，对于单个开发商而言，其供给水平与价格的关系表现为

$$h = \frac{(1+i)K_{t-1}}{p_h}$$

在$t-1$期时，市场上有M_{t-1}个开发商，则t期时市场上的总供给（S）为

$$S = H_{t-1} + M_{t-1}h = H_{t-1} + \frac{(1+i)K_{t-1}M_{t-1}}{p_h}$$

5.3.1.3 一般均衡解

在市场出清条件下，我们认为市场实际的供给量与需求量形成一致。因此，我们联立住房市场的总供给与总需求，可得

$$\frac{(1+m-\delta_{t-1})(1-\beta)(1-\alpha)wL}{\alpha P_h}P_{t-1} = H_{t-1} + \frac{(1+i)K_{t-1}M_{t-1}}{p_h}$$

进一步化简，得

$$p_h = \frac{(1+m-\delta_{t-1})(1-\beta)(1-\alpha)wL}{\alpha H_{t-1}}P_{t-1} - \frac{(1+i)K_{t-1}M_{t-1}}{H_{t-1}}$$

由该式可见，多个因素会影响房屋的价格，包括人们的收入状况、年龄状况、人口流动状况、劳动力的供应量、住房的供应量、资本投入量等。其中，显而易见，住房的供应量和城市的总体面积是有较强相关关系的。因此，劳动力的供应量除以住房的供应量应该可以由一个城市的人口密度水平予以替代表示。这样一来，房屋价格也与一个城市的人口密度有了密切的关系。

由于我们研究的主旨是房屋价格与人口变量的关系，故将 p_h 对 m 和 δ_{t-1} 求导，可得

$$\frac{\partial p_h}{\partial m} = \frac{(1-\beta)(1-\alpha)wL}{\alpha H_{t-1}}P_{t-1}$$

$$\frac{\partial p_h}{\partial \delta_{t-1}} = \frac{-(1-\beta)(1-\alpha)wL}{\alpha H_{t-1}}P_{t-1}$$

由结果可见，$\frac{\partial p_h}{\partial m}$ 显然大于 0，$\frac{\partial p_h}{\partial \delta_{t-1}}$ 显然小于 0。由以上两式，我们可知，人口流动越多，会导致住房价格上涨越快，而人口抚养比水平的增加，则会带来住房价格的下跌。由此可见，人口流动和人口老龄化都对城市住房市场造成了巨大影响。

由公式我们发现，人口抚养比上升会导致住房价格下降，人口流入会导致住房价格上升。但是，这一作用机制在一线、二线、三线城市的影响又是否完全一致呢？不同级别的城市面临着不同层次的人口流入，而这些不同层次的人口在不同的城市做出的购房决策又是否一致？考虑到个体的异质性，该效应的方向在不同层次应当一致，但是其作用的程度在不同城市应当存在显著差别。

5.3.2 计量模型与数据说明

5.3.2.1 基本计量模型

根据上面的理论模型，可建立以下实证住房价格与人口流动水平及人口结构的模型。

$$\text{Ln}P_i = \beta_0 + \beta_1 \text{Ln}(Inc_i) + \beta_2 \text{Ln}(Den_i) + \beta_3 \text{Ln}(Dep_i) + \beta_4 Mig_i$$
$$+ \beta_5 \text{Ln}(Inv_i) + \beta_6 \text{Ln}(Ret_i) + \varepsilon_i$$

其中，P_i 表示 i 城市的实际住房价格，这里的价格是经过当地 CPI[①] 进行消胀后的城市住宅商品房平均销售价格；Inc_i 是 i 城市的实际的人均的可支配的收入，该指标和理论方程中的工资率对应，该数值同样经过当地 CPI 消胀处理；Den_i 表示 i 城市的人口密度，因为在理论模型中房价与劳动力供给与住房存量有关，而该变量与人口密度密切相关；Mig_i 表示 i 城市在 t 期 2002 年后机械增长的人口总量占 t 期总人口的比重，该处主要采用 2002 年后机械增长的人口总量，主要是基于我国住宅商品房市场在 21 世纪初才大范围推广开，早期的人口流动与住宅商品房之间的作用并不是十分具有代表性；Dep_i 表示 i 城市的人口抚养比，根据模型，人口抚养比的变化将导致区域房价发生变化，而在具体实证中人口抚养比将进一步细分为老年人口抚养比和少年儿童抚养比[②]，进一步探讨少年儿童之间的影响；Inv_i 表示 i 城市的房地产开发中开发住宅的投资额，该指标与模型中的资本存量高度相关；Ret_i 表示 i 城市的建筑业的产值的利润率[③]，该指标反映了模型中的房地产开发商的资本利润率；ε_i 是随机干扰项。

5.3.2.2　数据说明

本书使用的是除拉萨外的全国 30 个省级城市（含直辖市和计划单列市）的 2002—2014 年的数据。数据来源是国家统计局网站和各年城市统计年鉴。此外，由于人口老龄数据主要是抽样数据，为了保持数据的一致性，我们剔除了普查年 2010 年的数据。此外，关于不同样本的人均 GDP 和房价等价格相关数据，均用 CPI 指数进行了消胀。最后，至于 2002 年后机械增长的人口总量占 t 期总人口的比重，具体得到的方法已经在脚注里进行详细说明。

我们实证模型里所需的全部变量数据的统计指标情况如表 5-11 所示。

[①]　各市每年的 CPI 数据由当年月同比 CPI 数据进行简单平均后得到，以 2002 年 CPI＝100，得到 2002—2014 年的各市 CPI 数据。

[②]　老年人口抚养比和少年儿童抚养比分别用 $EDep_i$ 和 $YDep_i$ 表示。

[③]　由于各个城市的建筑业产值可得性较差，由于各行业在全国范围内的利润率水平基本一致，故该处采用全国数据进行处理，由于国家统计局未公布直接的建筑业产值利润率，故该指标经过以下方法得到。

表 5−11　各变量的统计性指标

变量	观测值	平均值	标准误	最小值	最大值
LnP_i	415	8.678012	0.412584	7.012457	9.784961
Ln（Inc_i）	423	9.756092	0.512437	8.254158	10.53697
Ln（Den_i）	413	6.482911	0.651124	4.142576	9.215471
Ln（Dep_i）	339	3.629832	0.210548	2.847125	4.053175
Ln（$YDep_i$）	339	3.386201	0.295410	2.102437	3.654127
Ln（$EDep_i$）	339	2.254196	0.201475	2.006871	3.011113
Mig_i	401	0.061423	0.102548	−0.04752	0.464537
Ln（Ret_i）	441	1.081243	0.214853	0.692625	1.288052
Ln（Inv_i）	441	14.21057	1.195214	11.2683	18.05724

5.3.3　实证分析

5.3.3.1　总样本回归结果

鉴于本书选取的数据为 35 个城市 2002—2014 年住房市场的数据，因此该数据为短面板形态，可对序列直接进行回归分析。因此，本书不对各主要变量进行单位根检验，不考虑数据的平稳性问题，直接对老龄化、人口流动与住房价格之间进行实证分析。这里，我们以 35 个城市的面板数据为样本，使用固定效应估计（FE）和随机效应估计（RE）对实证模型进行估计，同时我们分析了人口总抚养比与老年人口抚养比、少年儿童抚养比之间影响的差异，表5−12 显示了回归结果。

表 5−12　中国 35 个城市面板数据的固定、随机效应估计结果

变量	FE	FE	RE	RE
Ln（Inc_i）	0.4976***	0.4801***	0.5774***	0.5612***
	(6.88)	(6.59)	(8.62)	(8.27)
Ln（Den_i）	0.0233	0.0267	0.0826***	0.0864***
	(0.66)	(0.72)	(2.78)	(2.89)

续表

变量	FE	FE	RE	RE
Ln（Dep_i）	−0.3477***		−0.3344***	
	（−3.42）		（−3.61）	
Ln（$YDep_i$）		−0.1381		−0.1769**
		（−1.43）		（−2.32）
Ln（$EDep_i$）		−0.2281***		−0.1949***
		（−2.95）		（−2.69）
Mig_i	0.9633***	0.9204***	0.9328***	0.9060***
	（4.35）	（4.11）	（4.48）	（4.32）
Ln（Ret_i）	0.4227***	0.4754***	0.3647***	0.3892***
	（4.70）	（4.84）	（4.22）	（4.36）
Ln（Inv_i）	0.0935***	0.1041***	0.0747***	0.0838***
	（3.54）	（3.85）	（3.01）	（3.34）
截距项	2.6397***	2.3351***	1.7911***	1.6092***
	（3.99）	（3.69）	（3.01）	（2.88）
样本数	307	307	307	307
R^2	0.7953	0.7971	0.8271	0.8293

注：＊＊＊、＊＊、＊表示显著性程度分别是1％、5％和10％，表5−13同

从表5−12中固定效应方法的回归结果可见，在1％置信水平下，人均可支配收入、人口总抚养比、机械流入人口占总人口比例、建筑业产值利润率、房地产开发住宅投资额对住房价格具有显著影响，且人口总抚养比与住房价格呈负向关系，机械流入人口占总人口比例与住房价格呈正向关系，这和前面理论模型部分的分析结果是比较一致的。

进一步观察其弹性关系，我们发现，人口总抚养比提高1个百分点，住房价格会降低0.35个百分点；机械流入人口占总人口的比重每提高1个百分点，住房价格会上升0.96个百分点。进一步的，可以用少年儿童抚养比和老年人口抚养比来进一步考察，结果显示少年儿童抚养比和老年人口抚养比和住房价格均呈负相关关系，但少年儿童抚养比并不显著。同时，老年人口抚养比每上升1个百分点，住房价格会降低0.23个百分点；机械流入人口占总人口的比重对住房价格的影响下降，该占比上升1个百分点，住房价格上升0.92个百分点。

从表5−12中随机效应方法的回归结果可见，除固定效应估计对房价具有显

著影响的变量外，我们发现人口密度对住房价格也呈正的显著影响，人口密度每上升1个百分点，住房价格上升0.09个百分点。并且，人口总抚养比与人口机械增长占总人口比重与固定效应估计基本一致，但影响略小于固定效应估计结果。并且，我们将人口总抚养比分成少年儿童和老年人口抚养比的时候，我们发现少年儿童人口抚养比在5%的置信水平下显著，少年儿童抚养比每上升1个百分点，住房价格下降0.18个百分点，至于老年人口抚养比和机械人口占总人口比重对住房价格的影响随机效应估计结果略小于固定效应估计结果。

5.3.3.2 分级别城市子样本回归结果

为了考察老龄化、人口流动对城市住房价格在不同城市间的异质性影响，我们将总样本城市分为两类子样本：一线、二线、三线城市[①]。对于三类城市，我们同样采取固定效应估计和随机效应估计进行分析，实证结果如表5-13所示。

表5-13 一线、二线、三线城市面板数据的固定、随机效应估计结果

三线城市	变量	三线城市		一线城市		二线城市	
	Ln(Inc_i)	0.3850***	0.3763***	0.7824***	0.7806***	−0.0036	−0.0056
		(3.39)	(3.10)	(6.92)	(6.94)	(−0.02)	(−0.02)
	Ln(Den_i)	0.0389	0.0444	0.0522	0.0547	0.1105	0.1130
		(0.37)	(0.42)	(1.42)	(1.50)	(0.36)	(0.37)
	Ln(Dep_i)	−0.3601**		−0.2247		−0.8819**	
FE		(−2.60)		(−1.33)		(−2.24)	
	Ln($YDep_i$)		−0.2131		0.0273		−0.6122*
			(−1.39)		(0.19)		(−1.90)
	Ln($EDep_i$)		−0.1634		−0.2679*		−0.3585*
			(−1.46)		(−1.88)		(−1.87)
	Mig_i	1.0552***	1.0632***	−0.5479	−0.4825	1.3087**	1.3986**
		(3.56)	(3.42)	(−0.92)	(−0.81)	(2.20)	(2.36)

---

① 一线、二线、三线城市根据2016年4月25日《第一财经周刊》发布的中国城市分级榜单进行分类，其中，本书中的一线城市由传统一线城市与新一线城市共同组成。北京、上海、广州、深圳、成都、杭州、武汉、天津、南京、重庆、西安、长沙、青岛、沈阳、大连、厦门、宁波为一线城市；郑州、长春、福州、石家庄、呼和浩特、济南、太原、合肥、贵阳、南昌、南宁为二线城市；兰州、银川、昆明、海口、西宁、乌鲁木齐为三线城市。

续表

	变量	三线城市		一线城市		二线城市	
FE	$Ln(Ret_i)$	0.6561***	0.6616***	0.1339	0.1945	0.1376	0.1946
		(4.81)	(4.07)	(0.95)	(0.19)	(0.75)	(0.96)
	$Ln(Inv_i)$	0.0846*	0.0886	0.0702*	0.0804**	0.2231***	0.2209***
		(1.17)	(1.60)	(1.87)	(2.15)	(3.57)	(3.54)
	截距项	3.6140***	3.3864***	−0.0641	−0.5158	7.3387**	6.9568
		(3.55)	(3.40)	(−0.06)	(−0.57)	(2.51)	(2.55)
	样本数	152	152	105	105	50	50
	R^2	0.7860	0.7889	0.7322	0.7446	0.7705	0.7437
RE	$Ln(Inc_i)$	0.6269***	0.6417***	0.7664***	0.7677***	0.0123	0.0509
		(6.55)	(6.47)	(7.25)	(7.30)	(0.07)	(0.26)
	$Ln(Den_i)$	0.0994	0.0906	0.0621*	0.0622*	0.3534***	0.3119***
		(1.59)	(1.45)	(1.90)	(1.90)	(8.16)	(6.25)
	$Ln(Dep_i)$	−0.4552***		−0.1479		−0.9957***	
		(−3.54)		(−1.05)		(−3.31)	
	$Ln(YDep_i)$		−0.3339***		0.0419		−0.8681***
			(−3.12)		(0.34)		(−4.07)
	$Ln(EDep_i)$		−0.1384		−0.2478*		−0.0086
			(−1.33)		(−1.82)		(−0.05)
	Mig_i	1.0697***	1.1222***	−0.9706*	0.8257	1.7779***	1.8226***
		(3.66)	(3.78)	(−1.90)	(−1.60)	(4.49)	(5.30)
	$Ln(Ret_i)$	0.4919***	0.0497***	0.1584	0.2068	0.0339	−0.0661
		(3.68)	(3.33)	(1.16)	(1.48)	(0.17)	(−0.34)
	$Ln(Inv_i)$	−0.0071	−0.0191	0.0778**	0.0349**	0.2048***	0.1901***
		(−0.18)	(−0.43)	(2.23)	(2.46)	(5.06)	(4.64)
	截距项	2.7616***	2.6331***	−0.3693	−0.6141	6.5875***	6.0664***
		(3.37)	(3.36)	(−0.42)	(−0.75)	(3.43)	(3.56)
	样本数	152	152	105	105	50	50
	R^2	0.8606	0.8614	0.7692	0.7675	0.8984	0.9103

从表5-13中固定效应方法的回归结果可见，一线、二线、三线城市住房价格受到的变量影响各不相同，人口老龄化、机械流入对三类城市的影响亦不尽相同。我们发现一线城市住房价格主要受到了人均可支配收入、人口总抚养比、人口机械迁移、建筑业产值利润率的显著影响，二线城市主要受到了人均可支配收入、老年人口抚养比、房地产开发住宅投资额的显著影响，三线城市则表现为人口总抚养比、少年儿童抚养比、老年人口抚养比、人口机械迁移、房地产开发住宅投资额的显著影响。值得注意的是，人口可支配收入这一变量在三线城市里并不显著，这与目前现有大区域范围内的实证结果基本不符，可能是本次三线城市样本量过少所导致的。

从人口结构变迁对住房价格的影响来看，关于老龄化层面，一线城市总人口抚养比对住房价格为显著的负向影响，但分离为少年儿童和老年人口抚养比的时候结果并不显著；二线城市住房价格受到人口抚养比变化并不显著，但值得注意的是少年儿童人口抚养比对住房价格为正的影响；在三线城市，在10％置信水平下，无论是人口总抚养比，还是少年儿童抚养比、老年人口抚养比，他们对房价影响的统计显著性和影响系数都比一线城市更高。同时，我们发现对于一线、三线城市而言，少年儿童人口抚养比对住房价格的影响大于老年人口抚养比的影响，而二线城市则表现为老年人口抚养比变化的影响更大，且少年儿童人口抚养比表现为正的不显著影响。

至于人口流动，从表5-13可见，在一线、三线城市，人口机械流入都会导致住房价格显著上升。同时，这种情况在三线城市是最显著的。机械流入人口占总人口的比重每上升1个百分点，住房价格在一线、三线城市会提高1.06个百分点和1.40个百分点，但是在二线城市，机械人口流动的作用并不具有统计显著性，且为负向影响。

可见，随机效应方法与固定效应方法的回归结果基本一致。主要差异为少年儿童抚养比对一线城市住房价格的影响在1％的置信水平下显著，且人口流动这一变量对一线、三线城市住房价格的影响均加大。但是人口流动变量在二线城市仍不是十分显著，且在分别控制人口总抚养和少年儿童、老年人口抚养比时对住房价格的影响方向不同。

5.3.3.3 稳健性检验

为了考察上述实证结果是否稳健，基于原来的实证模型，我们修改了部分自变量，建立如下新的实证模型：

$$\text{Ln}P_i = \beta_0 + \beta_1 \text{Ln}(Gdppc_i) + \beta_2 \text{Ln}(Den_i) + \beta_3 \text{Ln}(Dep_i) + \beta_4 Mig_i$$

$$+\beta_5 \text{Ln}(SInv_i) + \beta_6 \text{Ln}(Ret_i) + \varepsilon_i$$

其中，$Gdppc_i$ 是指 i 城市经过当地 CPI 消胀后的人均 GDP；$SInv_i$ 是指 i 城市的房地产开发投资额，数据均来自于各城市统计年鉴。在这里，我们用人均 GDP 代替人均可支配收入，房地产开发投资额代替房地产住宅开发投资额。由于固定效应估计条件限制较少，故下面只展示固定效应估计结果，具体情况见表 5-14。

表 5-14　基于固定效应估计稳健性检验结果

变量	一线城市		二线城市		三线城市	
Ln（$Gdppc_i$）	0.3246***	0.3305***	0.3564***	0.3469***	−0.1480	−0.1278
	(3.05)	(3.10)	(3.51)	(3.39)	(−1.08)	(−0.83)
Ln（Den_i）	0.0818	0.0810	0.0184	0.0206	0.1458	0.1545
	(0.82)	(0.81)	(0.45)	(0.52)	(0.48)	(0.50)
Ln（Dep_i）	−0.3628**		−0.3226*		−0.7003*	
	(−2.73)		(−1.76)		(−2.09)	
Ln（$YDep_i$）		−0.0906		−0.1079		−0.5269*
		(−0.65)		(−0.68)		(−1.83)
Ln（$EDep_i$）		−0.2507**		−0.2221		−0.2333
		(−2.48)		(−1.41)		(−1.13)
Mig_i	1.1950***	1.1009***	−0.6635	−0.6236	1.4903**	1.5380**
	(4.21)	(3.69)	(−1.02)	(−0.95)	(2.49)	(2.54)
Ln（Ret_i）	0.5558***	0.6362***	0.3227**	0.3660**	0.3419*	0.3506*
	(4.05)	(4.15)	(2.16)	(2.28)	(1.89)	(1.76)
Ln（$SInv_i$）	0.1001*	0.1053*	0.1608***	0.1695***	0.2621***	0.2511***
	(1.86)	(1.96)	(3.80)	(3.95)	(4.07)	(3.71)
截距项	3.4514***	2.8757***	2.7167***	2.3510***	7.0620***	6.6921***
	(3.51)	(2.90)	(2.91)	(2.83)	(3.09)	(3.06)
样本数	153	153	105	105	52	52
R^2	0.8243	0.8340	0.6256	0.6399	0.7778	0.7437

将表 5-14 的结果与表 5-13 比较，可以看出回归的主要结果是相近的，这说明本部分的回归结果稳健可信。

从表 5-14 可见，稳健性的计量结果表明，人口抚养比上升对住房价格呈负向作用，但一线城市、三线城市受到老年人口抚养比上升的影响更大，而二线城市则更多地受到少年儿童抚养比上升的影响。至于人口流动，由于二线城市同时面临来自低级城市的人口流入以及面向高级城市的人口流出，导致实证结果显示人口流动对住房价格影响不大。但是人口流动对住房价格的推动作用在一线、三线城市十分显著，且在三线城市的影响高于在一线城市的影响，这可能与三线城市流入人口更易做出购房决策有关。

因此，对于政府而言，在关注城市住房价格的同时，要同时注意当地人口抚养情况与人口流动水平。对于人口流出水平过高的城市，当地政府应当出台鼓励政策，改善生活就业环境，避免人口流出过度导致城市住房价格出现暴跌，进而影响整体经济运行；对于人口流入水平较高的城市，如一线城市，则应当鼓励流入人口在周边城市就业，避免当地房价收入比过高，从而影响当地居民与迁移居民的正常生活水平。

6 老龄化与资产组合

6.1 相关文献

如前所述，老龄化正是通过对资产价格的影响，从而深刻改变原有社会和经济发展模式的资源配置关系，进而影响经济社会发展的各个方面。放眼世界，当前发达国家不断出现的金融债务危机，固然是银行系统、政府运作失误直接引发，但是都可归结为一个基础性的重要背景，即人口老龄化下金融资产和金融市场的波动与振荡。因此，老龄化对资产价格的影响，是联系人口老龄化背景和经济金融运行变动的枢纽。有鉴于此，老龄化对资产需求的影响受到了学界的广泛关注，相关研究十分丰富，简述如下。

6.1.1 国外相关文献

国际学界就人口老龄化对资产价格的影响，提出了"资产消融"（Asset Market Meltdown）假说，认为老龄化可能导致资产价格下降，甚至市场崩溃，其作用途径有两种：通过影响居民资产总需求与投资结构对资产价格产生冲击。对前者，分析是从消费－储蓄的生命周期理论出发，推导出老年期的储蓄率将低于中青年期，因此，老龄化会减少一国居民资产总需求，使资产价格下降。对后者，分析从资产配置的生命周期变化出发，认为投资者在老年期会趋于保守，导致投资结构变化，使资产价格变动。

这方面的理论研究很多，如，Mankiw、Weil（1989）基于生命周期理论，研究了关于人口结构对于美国房地产市场的影响，认为在婴儿潮时期，对于房产需求增加，进而影响了房价，当婴儿潮一代人对房产需求减弱时房价也有所降低。Holland（1991）在其对美国婴儿潮人口结构变化研究中，从模型出发

116

预测了人口结构变化对于房地产未来二十年的需求影响，认为随着低出生率的出现，人口老龄化的加剧，房地产需求会增加缓慢。Venti 和 Wise（2000）则从流动性视角阐述了关于人口老龄化对于房地产市场的影响，他认为，随着人们老去，房屋将变为一种固定的资产，即人们轻易不会变卖，所以老年人会将其一直保留在手中，直到老人死去，或者进入敬老院，房地产市场流动性就会加强。Brooks（2002）通过构建跨期迭代（OLG）模型对二者导致的影响进行了刻画，OLG 模型结合资产定价模型被后续研究广泛使用。

关于"资产消融"效应的实证研究主要分为如下几个方向：

一是针对股票、债券市场的研究，这方面的研究很多，但其影响程度存在很大争议。如，Erb、Harvey 和 Viskant（1997）基于 1970—1995 年间某国的股票市场对人口结构变化对股票市场影响做了研究，发现平均年龄越大，股票价格越高。Yoo（1994）基于美国股票市场的研究发现，中年人（40～55岁）所占人口比例越大，股票市场泡沫越大。Bergantino（1998）基于生命周期理论，以美国婴儿潮为例，发现人口结构变化对股票市场有着显著影响即随着婴儿潮一代人的老去，储蓄人口变化，投资需求减弱，股票价格有下降趋势。Carlo A. Favero（2009）、Fabrizio Orrego（2010）则是先后通过实证，证明了 40～49 岁人口数与 20～29 岁人口数比例与股票的价格波动呈正相关。而 Poterba（2001）则较早对"资产消融"假说提出质疑，他通过对美国等人口年龄结构与债券、股票收益率关系的实证，发现老龄化对金融资产报酬无显著影响。Roy 等（2012）以发达国家为样本进行实证，结果显示老龄化对各国长期债券价格影响显著，但对多数国家股票价格的影响很小。

二是从人口老龄化与储蓄关系出发的研究。因为每一个国家的具体状况，以及所研究的方法、模型的不同，研究结论也存在较大差异。如，Leff（1969）、Kelley 和 Schmidt（1997）以及 Williamson 和 Higgins（1997）在其研究中发现，宏观上人口结构老龄化和储蓄存在负相关关系。而 Schultz（2005）则在其研究中利用与 Higgins 不同的数据，对 Higgins 的研究进行重新估计，得到的结果即储蓄与人口结构之间相关系数不足 Higgins 所研究的四分之一，这表明人口结构与储蓄之间的关系存在不确定性。另一位学者 Ram（1982，1984）在其研究中则证明了 Schultz 的研究结果。近几年，中国的高储蓄率一直是世界各国学者关注的焦点，Kraay（2000）在其研究中发现，中国的高储蓄率与人口结构的关系并不显著，而 Modigliani 和 Cao（2004）则发现抚养比与储蓄率呈负相关，所以中国人口结构与储蓄之间的关系，总体上而言也是不明确的。

三是引入一些新的解释因素的研究。一些研究者试图引入不同国家的养老金制度与资本流动等因素解释老龄化与住房价格的实证争议。如，Ang 和 Maddaloni（2003）认为人口年龄结构变动会影响金融资产价格，但其影响程度与社会保障体系和金融市场的发展程度有关。Siegel（2005）指出在开放经济条件下，国外资本的净流入会抑制"资产消融"效应，使本国资产价格保持稳定。也有研究考虑实证方法的影响，如 Arnott 和 Chaves（2012）不再选用单一指标，而以多个指标构成多项式函数来表示人口年龄结构，研究发现老龄化与金融资产价格间存在强相关性。

6.1.2　国内相关文献

我国国内的学者对于人口结构变动对经济的影响从很早开始就有研究，但是对于人口结构变动对资本市场的影响的研究却是从近十几年才开始的。尽管研究的时间并不长，但这部分研究已成为热点，研究广泛而频繁。总体上而言，国内绝大多数研究肯定了人口结构变动对资本市场存在影响的观点。研究主要分为如下方向：

第一，从房地产资产角度的分析。如，顾鉴塘（1997）、孟星（2000）、赵君丽（2000）分别在其发表的文章中，通过研究验证了人口结构与房地产市场存在着联系。刘琳（2007）则通过其对人口结构与房地产市场关系的研究，预测了未来房地产需求趋势。哈继铭（2007）的研究认为，低抚养率意味着更多的储蓄，而储蓄资金增多，人们则有更多的资金投入其他领域获取回报，因而房屋价格会上涨。张昭、陈兀梧（2010）等人认为，虽然中国现在处于老龄化阶段，房屋需求会有所减弱，但是中国也依旧处于低抚养率阶段，由于人口红利效果，带来的房地产繁荣还会持续。而徐建炜、徐奇渊、何帆（2012）在其研究中发现人口抚养比例与房屋价格之间存在负相关关系，即无论是少年抚养比例还是老年抚养比例的上升，最终都会导致房屋价格下降。但在对中国1999 年至 2009 年前的分省面板数据进行分析却发现：虽然少年人口抚养比与房价的关系符合前述分析得到的负向关系，但老年人口抚养比却与房价呈现出正向关系。所以，中国国内研究表明，人口结构与房地产行业的联系也是有局限性的。

第二，从金融资产角度的分析。如，陈成鲜、王综尘（2003）基于生命周期理论对储蓄和投资的影响，阐明了人口结构对股票市场价格影响的机制。肖宏（2007）认为大量年轻人进入市场时，可能带来金融市场的繁荣，而当人口结构进入拐点时，金融资产的需求拐点也会随之出现，由此可能会带来股票价格的下降。李银街、李硕衔（2006）、李伟旭（2007）等学者则对美国婴儿潮一代做了研究，认为婴儿潮一代进入市场时会带动美国股市的繁荣，而当婴儿潮一代退休或者死亡后，股票价格下滑则在所难免。任婷婷（2013）则将人口结构变化影响股票市场的机制分为两方面：一是从宏观层面上讲，人口结构通过影响储蓄和投资影响股票市场；二是人口结构会通过微观角度，影响投资者行为从而影响股票市场。

第三，人口老龄化对居民消费、储蓄与投资结构的影响方面的实证。如，王德文、蔡昉和张学辉（2004）同样通过实证分析，发现人口结构变化对我国高储率呈显著正相关，但随着老龄化加重，人口结构变动在储蓄率变动中的贡献逐渐减弱。袁志刚、宋铮（2000）则认为人口老龄化会引起居民储蓄增加。申秋红（2013）通过回归实证，发现人口结构变化对储蓄存在影响，并认为，随着老龄化的加深在一定时间内可能增加储蓄，但过了人口红利临界点后，随着老龄化的加重，储蓄会降低。李文星等（2008）、吴卫星等（2007、2010）则认为我国居民储蓄、投资的生命周期变化与发达国家存在明显差异。我国实证结果与西方理论阐述差异的原因可能在于中国家庭的遗产继承、养老习惯与储蓄动机都有其特色，如 Giles 等（2010）认为中国家庭"养儿防老"的传统仍然非常重要，储蓄用于投资并非老年人平滑消费的唯一渠道。刘永平和陆铭（2008）指出我国家庭储蓄的教育投资率较高。

6.1.3 简评

如前所述，基于生命周期理论，人口老龄化可能通过影响居民资产需求对资产市场产生冲击。国内不乏讨论人口老龄化对资产市场影响的文献，选取的资产类别主要是房地产、股票、债券和储蓄存款，但多针对单一资产进行研究分析，同时讨论多种资产的文章不多，研究结论也存在争议。显然，资产需求之间是存在替代与互补关系的，现有研究将人口年龄结构指标与各类资产独立建模予以实证，无疑忽略了资产之间的内生关系。将有内生性的变量建立单一方程逐一估计与将其建立系统进行估计，计量结果与可靠性都可能存在差异。鉴于此，并且考虑到不同资产之间具有相关性，本章将在最小二乘法（OLS）回归基础上，利用多方程系统中的似不相关回归（SUR）方法进行联立方程的估计，就中国人口老龄化对资产需求的影响进行实证研究，从而弥补了之前研究单个资产而忽视多种资产之间联系的缺点。

6.2 实证分析

6.2.1 最小二乘法回归分析

Motley（1967）曾指出，一种资产需求可能会受到其他一种或几种资产需求的影响，所以在对各个资本市场进行 SUR 回归前，需先对每一个资产需求与人口结构变动联系进行最小二乘法回归。

6.2.1.1 变量选取与数据处理

如前所述，相关研究主要关注股票、债券、房地产和货币及货币等价物等四类资产。因此，本书将房地产、股票、债券和货币及货币等价物这四类资产需求作为被解释变量，将人口老龄化指标作为解释变量进行分析。考虑到数据的可得性，本书选取了 1998—2013 年间 56 个季度数据作为研究数据，数据来自国泰安数据库、中国经济与社会发展统计数据库及 Wind 数据库。其中，股票需求（sto）由股票季度交易总额表示，债券需求（bo）由债券季度交易总额表示，货币及货币等价物需求（mon）由活期存款、现金、储蓄存款总额表示，房地产需求（ho）由全国商品房季度交易总额代替。人口老龄化指标（age），由 65 岁以上人口占总人口比例表示。原始数据为年度数据，使用 matlab7.0 软件以三次样条函数（spline）插值法处理为季度数据。由于一国经济的发展水平，对研究各资产市场与人口年龄结构关系有着重要影响，故加入经济增长率季度数据作为控制变量。变量的统计性指标如表 6—1 所示。

表 6—1 变量的统计性描述

变量	观察值	平均值	标准差	最小值	最大值
老龄化	56	0.0857143	0.0087089	0.07	0.1
经济增长率	56	0.09625	0.0155578	0.06	0.13
股票需求	56	46695.32	53982.96	4720.58	194989.8
债券需求	56	11069.66	13261.6	618.19	68297.91
土地需求	56	4276.231	4019.026	186.17	14144.06
货币需求	56	1023802	1117508	21931.47	7542092

6.2.1.2 回归结果

将人口老龄化与股票需求、货币及货币等价物需求、房地产需求分别利用最小二乘法进行回归。

1. 对股票需求进行回归

回归结果如表6-2。

表6-2 股票需求与人口结构OLS回归结果

变量	系数值 t	残差	T 统计量	显著性
截距	1.635641	1.423332	1.149164	0.2556
经济增长率	0.019529	0.096704	0.201946	0.8407
老龄化	0.955345	0.190734	5.008774	0.0000

表6-2的回归结果显示，在人口老龄化对股票需求量的影响关系中，截距项与经济增长率的系数的 t 量在10%的置信度下都不显著，即股票需求量的增加与经济增长速度无关，或者不显著相关。而老龄化的系数在1%的置信度下显著不为零，可以看出，人口结构变动与股票成正相关。即在1998—2013年期间随着65岁以上人口所占比例的增加，股票的季度交易额是增加的。这个结论与生命周期理论相悖，其原因可能是在这13年间，我国仍然处于人口红利阶段，并未到达人口红利的临界点，不断增加的总人口以及储蓄人口仍然拉动着股票的投资需求，但是这种拉动作用在减少。

2. 对债券需求进行回归

回归结果如表6-3。

表6-3 债券需求与人口结构OLS回归结果

变量	回归系数	残差	T 统计量	显著性
截距	3.112907	1.141822	2.726262	0.0087
经济增长率	−0.012104	0.077578	−0.156020	0.8766
老龄化	0.684847	0.153011	4.475815	0.0000

从表6-3可见，在人口老龄化对债券需求的回归中，经济增长率的系数在10%的置信度下仍然不显著，截距项与老龄化的系数在99%置信度下显著不为零，显示债券需求与人口结构变动呈正相关。即在1998—2013年之间，债券季度需求随着65岁人口所占比例的增加而增加。这个结论也与生命周期

理论相悖，其原因与股票需求量增加是一致的，即中国现在还处于人口红利期，这或抑制了老龄化对风险资产投资的减少效应。

3. 对货币需求进行回归

回归结果如表6—4。

表6—4　货币需求与人口结构 OLS 回归结果

变量	回归系数	残差	T 统计量	显著性
截距	1.193154	1.240994	0.961451	0.3407
经济增长率	0.106732	0.084316	1.265860	0.2111
老龄化	1.283830	0.166300	7.719959	0.0000

可见，在老龄化与货币及其等价物的回归关系中，截距项与经济增长率在置信度为10%情况下仍不显著，老龄化指标在1%的置信度下显著不为零，可知货币需求与人口结构成正相关，即随着65岁以上人口比例的不断增加，货币需求量增加。这与生命周期理论给出的结论相同，随着老龄化的加重，老年人也越来越多，由于规避风险，老年人更加愿意将钱握在自己手中或者存进银行，所以随着65岁以上人口比例的增加，储蓄不断增加。

4. 对土地需求进行回归

回归结果如表6—5。

表6—5　土地需求与人口结构 OLS 回归结果

变量	回归系数	残差	T 统计量	显著性
截距	−2.339659	0.954297	−2.451710	0.0175
经济增长率	−0.016081	0.064837	−0.248017	0.8051
老龄化	1.201751	0.127881	9.397417	0.0000

可见，在人口老龄化对土地需求的回归中，截距项与老龄化指标的系数分别在5%与1%的置信度下显著不为零，经济增长率的系数并不显著，可知土地需求与人口结构呈正相关，即土地需求随着65岁以上人口的增加而增加。这与生命周期理论的结论相悖，但可以从风险偏好的角度予以解释。即考虑到房产所具有的风险规避作用，老年人倾向于持有房产而并非变卖房产，造成土地需求增加。此外，再加上现阶段中国正处于人口红利和城镇化进程中，25~45岁的人口比重和技术在不断增加，需要购买房屋的人也在不断增加，从而进一步增加了土地需求。

将以上四种需求对老龄化指标的回归结果予以汇总，如表6-6所示。

表6-6 最小二乘法回归结果汇总

	模型一	模型二	模型三	模型四
	股票需求	债券需求	货币及其等价物需求	房地产需求
截距项	1.635641	3.112907**	1.193154	-2.339659*
	(1.423332)	(1.141822)	(1.240994)	(0.954297)
老龄化	0.955345***	0.684847***	1.283830***	1.201751***
	(0.190734)	(0.153011)	(0.084316)	(0.127881)
经济增长率	0.019529	-0.012104	0.106732	-0.016081
	(0.096704)	(0.077578)	(0.166300)	(0.064837)
D. W	0.180362	0.356884	0.282750	0.711340

注：表中括号（ ）中是残差值，＊＊＊、＊＊和＊分别表示1％、5％、10％三种显著水平之下的估计结果

从表6-6可见，四个回归结果的D. W统计量分别为0.180362、0.356884、0.282750、0.711340，由这些数据可知，四个回归方程均存在一阶自相关。显而易见，每一个理性经济人或者家庭的资产需求，除了受到人口结构变化的影响，还会受到其他因素的影响，如资产的上一期的持有量，各类资产需求之间的相互关联等的影响。简言之，由于一阶自相关的存在，单用最小二乘法OLS回归既容易忽略资产之间相关的联系，也容易使回归残差之间存在相关性，从而使回归结果失去准确性与有效性。SUR模型则很好地考虑了残差之间的相关性，通过联立方程组，解决了残差相关性，并以GLS估计，解决了各组方程回归的非有效性问题。因此，下文将以SUR回归来分析人口老龄化与多种资产需求的关系。

6.2.2 似不相关回归

6.2.2.1 模型设定与检验

本文选择似不相关回归（SUR）模型进行分析。SUR模型的设定如下：假设有n个方程（即n个被解释变量），各变量各有T个观测值（$T>n$）。在第i个方程中，有k_i个解释变量（允许各方程有不同的解释变量），则第i个方程可以表示为

$$y_i = X_i\beta_i + \varepsilon_i \qquad (i = 1, 2, \cdots, n) \tag{6-1}$$

其中，y_i 表示被解释变量，是 $T \times 1$ 的列向量；X_i 表示 k_i 个解释变量（可以含常数项）组成的 $T \times k_i$ 的矩阵，即每个解释变量的 T 个观测值作为一列；β_i 表示 $k_i \times 1$ 的待估参数向量；ε_i 表示 $T \times 1$ 的随机扰动项向量。

可见，SUR 模型是指扰动项具有同期相关的诸方程组合而成的模型。当我们考虑人口结构对不同资产需求的影响时，需要把多个需求方程组合在一起进行估计，由于总的经济状况对这些方程的扰动项可能有相似的影响，从而使这些方程的扰动项具有同期相关，符合 SUR 的应用条件。因此，下文将利用 SUR 模型进行讨论。

同时，为了便于经济解释，本书拟使用对数形式进行分析。将各资产需求作为被解释变量，取对数形式；年龄作为解释变量，经济增长率作为控制变量，因二者都是比值，无须进行对数处理；同时，按一般做法，将各被解释变量的一阶滞后项作为解释变量，取对数形式。根据（6-1）式构建半对数 SUR 模型（6-2）～（6-5）式，作为本文计量分析的基础。

$$
\begin{cases}
\begin{aligned}
\ln sto_t =\ & \beta_0 + \beta_1 eg_t + \beta_2 age_t + \beta_3 \ln sto_{t-1} + \beta_4 \ln bo_{t-1} \\
& + \beta_5 \ln mon_{t-1} + \beta_6 \ln ho_{t-1} + \varepsilon_1
\end{aligned} \tag{6-2} \\[2ex]
\begin{aligned}
\ln bo_t =\ & \beta_7 + \beta_8 eg_t + \beta_9 age_t + \beta_{10} \ln sto_{t-1} + \beta_{11} \ln bo_{t-1} \\
& + \beta_{12} \ln mon_{t-1} + \beta_{13} \ln ho_{t-1} + \varepsilon_2
\end{aligned} \tag{6-3} \\[2ex]
\begin{aligned}
\ln mon_t =\ & \beta_{14} + \beta_{15} eg_t + \beta_{16} age_t + \beta_{17} \ln sto_{t-1} + \beta_{18} \ln bo_{t-1} \\
& + \beta_{19} \ln mon_{t-1} + \beta_{20} \ln ho_{t-1} + \varepsilon_3
\end{aligned} \tag{6-4} \\[2ex]
\begin{aligned}
\ln ho_t =\ & \beta_{21} + \beta_{22} eg_t + \beta_{23} age_t + \beta_{24} \ln sto_{t-1} + \beta_{25} \ln bo_{t-1} \\
& + \beta_{26} \ln mon_{t-1} + \beta_{27} \ln ho_{t-1} + \varepsilon_4
\end{aligned} \tag{6-5}
\end{cases}
$$

其中，（6-2）～（6-5）式分别表示股票需求方程、债券需求方程、货币需求方程和房地产需求方程。

SUR 模型假定存在共同的不可观测因素的影响，使得随机扰动项间具有相关性。这样一来，通过把不同方程联合起来进行估计，就可以利用包含在系统中，但不包含在单个方程中的信息来提高估计的有效性。在进行 SUR 估计前，首先要对各方程进行相关性检验，原假设是各方程的扰动项不相关，检验的统计量是 Breusch 和 Pagan（1980）提出的统计量λ，λ 服从自由度 $n(n-1)/2$ 的渐进χ^2分布。当拒绝原假设时，则说明 SUR 的估计结果是更有效的。检验结果见表 6-7。

表 6-7　同期相关性检验结果

	(6-2) 式	(6-3) 式	(6-4) 式	(6-5) 式
(6-2) 式	1.0000			
(6-3) 式	0.1662	1.0000		
(6-4) 式	0.2503	0.2867	1.0000	
(6-5) 式	0.4917	0.2382	0.3480	1.0000
Breusch−Pagan 相关性检验：$\lambda = 308.926 \sim \chi^2$ (6)，p 值 = 0.0000				

从表 6-7 可见，检验的 p 值为 0，说明显著拒绝原假设，即各方程的随机扰动项间存在强相关性，适合采用 SUR 模型进行回归估计。

6.2.2.2　回归结果分析

根据前述季度数据，利用 STATA12.0 软件进行 SUR 估计，结果见表 6-8。

表 6-8　SUR 回归结果

	eg_t	age_t	$\ln sto_{t-1}$	$\ln bo_{t-1}$	$\ln mon_{t-1}$	$\ln ho_{t-1}$	常数项	调整后 R^2
(6-2) 式	0.0184 (0.53)	0.0810 (0.66)	0.850*** (11.61)	−0.0598 (−0.71)	−0.0592 (−0.72)	0.164 (1.56)	0.702 (1.03)	0.909
(6-3) 式	−0.044 (−1.10)	−0.107 (−0.75)	0.0626 (0.73)	0.744*** (7.49)	−0.183* (−1.89)	−0.0416 (−0.37)	0.976 (1.22)	0.760
(6-4) 式	0.0464 (1.20)	−0.0217 (−0.16)	0.0785 (0.96)	−0.0654 (−0.69)	0.883*** (9.58)	0.00227 (0.019)	1.142 (1.50)	0.904
(6-5) 式	−0.0198 (−0.45)	0.465*** (3.00)	0.276*** (2.97)	0.0950 (0.89)	0.0795 (0.76)	0.256* (1.92)	−2.611** (−3.02)	0.829

注：（ ）内为参数估计值的 t 统计量，＊＊＊、＊＊、＊分别表示在1%、5%、10%显著水平下显著

上述回归结果显示，各类资产前期对当期都具有显著的正向影响，这与现实显然相符。从前期值对当期值影响程度的高低来看分别是货币需求（0.88）、股票需求（0.85）、债券需求（0.74）和房地产需求（0.26）。显然，货币持有量较股票、债券和房地产更为稳定。

此外，货币需求对债券需求为替代关系（参数估计值为−0.18，并符合10%显著性水平），股票需求对房地产需求为互补关系（参数估计值为0.28，并符合1%显著性水平）。上述结果显示，一方面，对投资人来说货币与债券

是性质相近的资产。当债券市场繁荣时，在下一期投资者会将更多的资金投入到债券市场上以期获得更多收益，因此持有的货币会减少；而当债券市场不景气时，投资者会将部分资金从债券市场是撤回，进而增加对货币的持有。另一方面，房地产资产与股票具有不同的风险特征，房地产较股票的风险更低，将股票和房地产组成资产组合，是投资者分散风险的投资决策。

与前文结论相似，人口老龄化对房地产需求存在显著的正向影响（参数估计值为 0.47，并符合 1％的显著水平）。但股票、债券与货币需求并未受到人口老龄化因素的显著影响，而主要与上一期的需求呈显著正相关，这说明在现阶段，预期等其他非老龄化因素对金融资产持有量的影响较大。

6.3 小结

本书利用中国资本市场数据以及人口结构数据，利用似不相关回归模型进行相关研究，考察了人口年龄结构在老龄化的情况下对资本市场资产需求的影响。

关于人口老龄化的问题，国内外研究的课题很多，且由于研究基于的国家不同，时段不同而得出了差异化的结论。就我国现阶段而言，人口老龄化对资产需求的影响并不明显。这可能有多方面的原因。一是我国人口基数巨大，进入老龄化的时间也并不算久，老年人口的增多，对于整体投资群体的改变还不明显。二是我国现阶段的养老体制还主要以家庭养老为主，一个家庭中参与投资决策的也往往是年轻人，所以老龄化的加剧对于改变家庭投资结构的影响也还不明显。但是，随着我国社会保障以及医疗的完善，老年人会拥有独立赡养机制，而到时候老年人作为一个重要的投资群体，更注重于生活支出和医疗支出，会使社会整体的风险规避性加大，也会改变投资结构。另外我国现在由于人口红利带来的益处依旧很大，很大一部分抵消了由于人口老化带来的资本市场需求的改变，但随着人口结构的改变、老龄化的加重，人口红利将会消失。人口结构的变动在未来仍然可能会对资本市场需求产生很大影响，我们应予以密切关注。

总之，中国作为最大的发展中国家，经济正在不断地发展，随着经济结构的完善，各类市场的开放，中国将会进入一个重要的发展时期。金融市场的稳定和发展，对于一个国家的经济发展有着举足轻重的作用，所以，正确地处理人口老龄化对各类资本需求的冲击，协调好人口变动与资产需求的关系是很重要的。一方面，我们应该加快建立以及完善社会养老体制，加快社会医疗保障的建设，确保老年人的晚年生活。另一方面，应形成良好的投资环境，提高金融产品的多元化和流动性，提倡预防性的提前投资，创新各类养老理财产品，尽量减少人口老化对资产需求的负向冲击。

7 人口老龄化与通货膨胀

7.1 研究现状述评

在人口老龄化与金融稳定的关系中，通货膨胀历来是备受学界和实践界广泛关注的重要一环。一个经济体的平均价格水平不仅衡量了居民的货币购买力，同时也是影响该经济体经济金融体系正常平稳运行的一个必要条件，过高或过低的价格水平都会影响到金融系统的稳定，危及经济的增长。鉴于通货膨胀对于维护国家经济金融稳定的重要性，历来就有大量文献对影响通货膨胀的因素进行了分析，并据此为政府提出了控制通货膨胀的政策建议。在传统的有关通货膨胀影响因素的研究中，地区生产总值、居民消费水平等都被列入考虑范围，无论在什么时期，这些变量都是人们考虑影响通货膨胀的主要因素。但是随着时间的推移和社会经济条件的变化，也会有新的变量加入，人口老龄化即是其一。

迄今为止，有关人口老龄化与通货膨胀之间关系，国内外文献的结论尚莫衷一是。从表7-1可见，国内研究的大多数结论认为人口老龄化会抑制通货膨胀，而国外研究中则有部分研究认为老龄化推动了通货膨胀，也有研究将老龄人口做进一步细分（65～74岁，75+）来研究不同阶段的老年人口对通货膨胀的不同影响。而在理论研究上，关于人口老龄化如何影响通货膨胀的研究又有总需求、总供给、成本推动等不同的影响途径，而关于哪一种因素占主导作用，学者们的观点更是不同。因此，为了认清我国的人口老龄化问题到底会推动还是抑制通货膨胀，本章将从我国1990—2014年的省级面板数据出发，通过实证分析方法来分析人口老龄化是否并如何影响通货膨胀这一变量。

本章可能的创新之处在于：①解释变量上引入1998年和2008年的两次金融危机，建立虚拟变量考虑两次危机对我国通货膨胀的影响；②时间区间更新至 1990—2014 年，用最新的数据来进行分析，更好地分析人口老龄对通货膨胀的影响并进而提出有时代性的政策建议；③将人口老龄化对通货膨胀的影响研究拓展到其政策传导机制方面，为日后研究其传导过程提供思路。

表 7-1　国内外重要相关文献的主要结论

	作者及研究	人口结构对通货膨胀的影响
国外研究	Lindh、Malmberg（2000）	15～29 岁以及 65～74 岁：＋ 30～64 岁以及 75 岁及以上：－
	Mattias Bruér（2002）	老年人口：－
	Jurgen Faik（2012）	老年人口：－
	Mikael Juselius、Elod Takats（2015）	老年人口：＋
国内研究	陈卫民、张鹏（2013）	老年人口：－
	中国人民银行天津、福州课题组（2013）	老年人口：－
	蒋伟（2015）	老年人口：－
	池光胜（2015）	老年人口：－（仅适用于 OECD 国家）

注：表中"＋"表示正向作用，"－"表示负向作用

7.2　人口老龄化对通货膨胀影响的实证分析

7.2.1　变量选取及数据处理

1. 变量选取

本书采用我国 30 个省及直辖市 1990—2014 的年度面板数据来分析人口老龄化对通货膨胀的影响[①]。就变量而言，我们首先要获取的是被解释变量通货膨胀率和解释变量老年人口抚养比，除了人口结构因素外，在控制变量上，我们主要选取如下变量：各地人均 GDP 增长率，各地信贷规模增长率，各地消费金额占 GDP 的比例，各地进出口金额占 GDP 的比重，以及 1998 年和 2008 年我国遭受的两次金融危机。选取以上控制变量的原因在于：人均 GDP 增长

[①] 样本为我国大陆除了重庆市以外的 30 个省和直辖市（因为重庆 1997 年才成立直辖市，数据不齐全）。

率代表该地的经济发展水平，而经济发展的快慢与通货膨胀有较强的联系；由于我国各省市之间没有制定货币政策的权力，各地区之间采用统一的货币政策，而货币政策的目标之一就是对通货膨胀进行控制，所以我们采用各地信贷规模增长率来近似代表各地的货币政策；各地消费金额占该地 GDP 的比例衡量了该地区居民的消费态度，而社会的消费力度也与通货膨胀有着较强的联系；各地进出口金额占该地 GDP 的比重可以近似衡量该地的对外开放程度，这也可能影响该地通货膨胀水平；最后是我国所经历的两次金融危机，在危机期间，我国的物价水平明显受到冲击，但是已有的研究中却较少考虑此因素，故本书将其纳入研究。

2. 数据处理

通货膨胀率 $inflation$ 是用当期的 CPI 除以上一期的 CPI 再取对数得到的，即 $\ln(CPI_t/CPI_{t-1})$；老年人口抚养比 $depold$ 是直接搜集得到的；各地人均 GDP 增长率 $pgdp$ 是对人均 GDP 进行消涨处理后（以 1990 年为基年）再求得的年度增长率；各地的信贷规模增长率 $credit$ 也是对信贷规模进行消涨处理后而求得的年度增长率；各地消费金额占 GDP 的比例 $consum$ 和各地进出口金额占 GDP 比例 $open$ 未经消涨处理；对最后的两次金融危机采用虚拟变量 $crisis$，我们令各省份的 1999 和 2009 年取值为 1，其他年份为 0 来考虑。所有原始数据来源于 Wind 数据库和新中国 60 年统计资料汇编。表 7-2 清晰地阐释了以上各变量的处理步骤。表 7-3 为对各个变量的统计描述。

表 7-2 变量说明和处理方法

变量名称	原始数据说明	处理方法
变量 0：各省价格指数（以处理后的价格指数作为被解释变量）	各省年度 CPI（上年=100），1990—2014；Wind 数据库	将所有价格指数转化为以 1990 年为基年，例：1990 年北京 CPI 为 105.4，1991 年为 111.9，1992 年为 109.9，则以 1990 年为基年，1992 年的 CPI 应为（109.9×111.9×105.4）/100² 后续年份依次类推
变量 1：各地通货膨胀率 $inflation$	各省年度 CPI（上年=100），1990—2014；Wind 数据库	处理步骤： 1. 用各省的当期 CPI 除以上一期的 CPI； 2. 对上述结果取对数
变量 2：各省老年人口抚养比 $depold$	各省年度扶老比（抽样数），1990—2014；新中国 60 年统计资料汇编 & Wind 数据库	2000 年数据找不到，用 1999 和 2001 年数据平均值填补

续表7－2

变量名称	原始数据说明	处理方法
变量3：各省人均GDP增长率 *pgdp*（用来表征各省经济水平差异）	各省年度GDP，各省年末人口数 1990—2014；Wind数据库	处理步骤： 1. 用各省年度GDP除以年末人口数得到人均GDP； 2. 对人均GDP消除价格影响，即用第一步人均GDP除以各年价格指数（已转化为1990年定基），得到消涨后的人均GDP； 3. 对消涨后的人均GDP求年增长率
变量4：各省贷款增长率 *credit*（用来表征各省市货币政策的差异）	各省年度人民币各项贷款余额 1990—2014；新中国60年统计资料汇编＆Wind数据库	处理步骤： 1. 将各省贷款余额消除各年的价格影响，即用当年的贷款余额除以当年的价格指数（该价格指数已经转化为以1990年为基年的，即变量0）； 2. 对消除价格指数的各省贷款余额求年增长率
变量5：各省消费额占当地GDP比例 *consum*	各省社会消费品总额，各省GDP，1990—2014；Wind数据库	直接将各省消费品金额除以GDP得到
变量6：各省进出口金额占当地GDP比例 *open*（用来表征各省开放程度）	各省进出口总额（美元），我国人民币月度平均汇率，各省GDP，1990—2014；Wind数据库	处理步骤： 1. 对每年的月度人民币汇率求均值得到年平均汇率； 2. 将各省进出口总额（美元）乘以年平均汇率得到进出口总额（人民币）； 3. 将第二步得到的各省进出口总额除以各省GDP得到比例
变量7：两次金融危机 *crisis*（代表1998和2008两次经济危机）	无	根据两次经济危机状况，将1999、2009两个年份取值赋予1，其他年份为0

表7－3　各变量的统计描述

Variable		Mean	Std. Dev.	Min	Max
id	overall	15.5	8.661218	1	30
	between		8.803408	1	30
	within		0	15.5	15.5
year	overall	2002	7.215915	1990	2014
	between		0	2002	2002
	within		7.215915	1990	2014

续表7-3

Variable		Mean	Std. Dev.	Min	Max
inflation	overall	.0453032	.0562889	−.0325232	.2492011
	between		.0040652	.0369233	.0539926
	within		.0561466	−.0321752	.2445177
depold	overall	.1091021	.0259974	.0497	.2188
	between		.0193903	.075492	.163304
	within		.0176616	.0396981	.1767161
pgdp	overall	.0983884	.0574441	−.0967366	.4289635
	between		.0118331	.0674078	.1220727
	within		.056252	−.0985926	.4476669
credit	overall	.1309122	.1024236	−.4320014	.8565829
	between		.0153994	.105396	.1684353
	within		.1012968	−.4084136	.8801707
consum	overall	.3625692	.0640235	.2182347	.7093
	between		.0491379	.2825442	.544396
	within		.0419743	.2076732	.5274732
open	overall	.3031737	.4054788	.0316372	2.258253
	between		.3866195	.0581861	1.53954
	within		.1404564	−.3154104	1.021886
crisis	overall	.08	.2714742	0	1
	between		0	.08	.08
	within		.2714742	0	1

7.2.2 回归分析

本文采用面板数据进行计量回归分析，所建模型如下：

$$inflation_{jt} = \alpha + \beta_1 depold_{jt} + \beta_2 pgdp_{jt} + \beta_3 credit_{jt} + \beta_4 consum_{jt}$$
$$+ \beta_5 open_{jt} + \beta_6 crisis_{jt} + \varepsilon_{jt}$$

模型中各变量含义在上文变量选取中已介绍，此外，下标 j 代表不同省份，$j=1$，2，…，30；t 代表年份，$t=1990$，…，2014。为了对上述模型进行估计，我们采用混合 OLS 回归、固定效应模型和随机效应模型三种方法进行回归，观测不同方法所测定出的结果并运用特定的检验方法来选出最优的回归方法。具体操作在 stata11.0 中进行，回归结果如表 7-4 所示。

表 7-4　混合 OLS、固定效应、随机效应回归结果

Variables	混合 OLS（1） $inflation$	固定效应（2） $inflation$	随机效应（3） $inflation$
$depold$	−0.446***	−0.852***	−0.446***
	(0.0769)	(0.110)	(0.0769)
$pgdp$	−0.138***	−0.0979***	−0.138***
	(0.0344)	(0.0364)	(0.0344)
$credit$	−0.121***	−0.120***	−0.121***
	(0.0189)	(0.0190)	(0.0189)
$consum$	0.0615*	0.0947**	0.0615*
	(0.0320)	(0.0472)	(0.0320)
$open$	0.00658	0.0181	0.00658
	(0.00519)	(0.0131)	(0.00519)
$crisi$	−0.0445***	−0.0400***	−0.0445***
	(0.00715)	(0.00718)	(0.00715)
$constant$	0.103***	0.127***	0.103***
	(0.0146)	(0.0230)	(0.0146)
固定效应模型 设定检验		1.20 [0.2140]	
Breusch and Pagan LM 检验			0.00 [1.0000]
Observations	750	750	750
Number of id		30	30
$R-squared$	0.2113	0.250	0.236

注：其中＊＊＊表示置信水平 p，分别为＊＊＊表示 $p<0.01$，＊＊表示 $p<0.05$，＊表示 $p<0.1$

从上述表格可以看出，在对比混合 OLS 回归与固定效应模型时，由于 p 值为 0.2140，故不能拒绝原假设（个体效应不显著），即混合 OLS 更优；在对比混合 OLS 回归与随机效应模型时，由于 BP-LM 检验的 p 值为 1.0000，故

不能拒绝原假设（误差项独立同分布），所以混合 OLS 回归更优。综上，我们的结果显示采用混合 OLS 的方法进行回归更加有效，所以我们下面的分析将以混合 OLS 回归结果为依据而进行。

值得注意的是，在上述三种方法对模型进行回归得到的结果中，所有解释变量的系数正负都一致，且系数大小相差不大，R^2 也较为接近，这些也说明了我们的回归结果是具有稳健性的。

7.2.3　实证结果剖析

根据混合 OLS 回归所得到的结果，总体来看，回归结果比较理想，调整后的 R^2 为 0.218，除 *open* 外其他的解释变量在统计意义上都是显著的，这些都说明我们的回归结果是可以接受的。具体我们可以从以下角度进行分析：

（1）分析人口老龄化对通货膨胀的影响。*depold* 系数为 -0.446，且在 99％的置信水平上显著，这就说明就我国而言，老年人口抚养比例的增长会对通货膨胀有一定的抑制作用，这一结果也和大多数学者的研究一致。和其他解释变量相比，*depold* 的系数绝对值最大，这就说明在这些解释变量中，人口老龄化的因素是必不可少的，其对通货膨胀的影响是不容忽视的，在研究通货膨胀影响因素的问题中，老龄化必须要纳入考虑范围。此外，以上回归结果也有和预期不符，需要我们进一步探究的问题：解释变量 *consum*、*open* 和 *crisis* 的系数正负都和我们的预期一致，但是 *open* 变量在统计意义上并不显著。而且 *pgdp* 和 *credit* 两个解释变量的系数正负和我们的预期相反，尤其是 *consum* 和 *pgdp* 系数相反看上去有些令人疑惑。下面我们来对这些问题一一进行解释。

（2）*crisis* 变量必不可少。在国内学者关于人口老龄化与通货膨胀之间关系的研究中，很少有人考虑到 1998 和 2008 年两次金融危机的影响。本书将两次金融危机设为虚拟变量加入解释变量中，分两步进行了不含 *crisis* 变量和含有 *crisis* 变量的两次回归。结果显示在加入 *crisis* 变量后，R^2 从 0.1712 增加到 0.2113，且 *crisis* 变量统计意义上显著，除 *open* 外的其他变量在统计意义上都显著，所以 *crisis* 变量的确可以影响到通货膨胀。具体来讲，*crisis* 的回归系数为 -0.0445，说明遭受金融危机的两年的通货膨胀率要比没遭受金融危机的年份低。需要指出的是，为简化分析，我们只将 1999 年和 2009 年两个年份的 *crisis* 变量赋值为 1。

（3）*open* 变量并不显著。*open* 代表的各省份的对外开放程度，用各地进

出口金额占该地 GDP 的比重来表示，这一变量不显著可能是有两个原因：一
是这一变量的确对通货膨胀没有影响；二是这一变量的方差过大，取值的波动
范围过大，由部分异常值造成了结果的不显著。从表 7–3 对各个变量的统计
描述来看，相较于其他变量，无论是组内标准差还是组间标准差，$open$ 取值
的波动的确比其他变量大得多，所以 $open$ 解释力度的不显著很可能是由于其
方差过大造成的。为了探究是否为此原因，我们将 $open$ 变量中取值明显异于
常值的数据进行剔除，具体而言是剔除了北京、上海和广东三个省及直辖市的
数据（从数据中可以很明显看出北上广三地的对外开放程度远远高于其他省
市）之后进行回归，所得结果如表 7–5 所示。

表 7–5　去除北上广后回归结果

	混合 OLS（1）	混合 OLS 回归（除去北上广）（4）
Variable	*inflation*	*inflation*
depold	−0.446***	−0.596***
	(0.0886)	(0.0769)
pgdp	−0.138***	−0.130***
	(0.0375)	(0.0344)
credit	−0.121***	−0.128***
	(0.0201)	(0.0189)
consum	0.0615*	0.0358
	(0.0391)	(0.0320)
open	0.00658	0.0302***
	(0.0107)	(0.00519)
crisis	−0.0445***	−0.0418***
	(0.00748)	(0.00715)
constant	0.103***	0.123***
	(0.0164)	(0.0146)
$R-squared$	0.2113	0.232

　　从以上结果来看，剔除北京、上海和广东的数据后进行回归，整个模型的
R^2 有所增加，且 $open$ 变量在统计意义上十分显著，除 $consum$ 外的其他解释
变量均显著，这说明 $open$（各省市的对外开放程度）这一变量的确很有可能
是会影响通货膨胀的，在我们得出的结果中 $open$ 的不显著也很可能是由于其

波动太大。

（4）$pgdp$ 回归系数为负，但 $consum$ 回归系数为正。回归结果显示，$consum$ 的系数为 0.0615，且在 90％ 的置信水平上显著，这与我们的预期相符，即当地的消费水平越高，通货膨胀率也就越高。但 $pgdp$ 的系数为 -0.138，且在 99％ 的置信水平上显著，这说明人均 GDP 增长越快，通货膨胀率越低，这与我们的预期并不相符。但需要注意的是，这里的人均 GDP 增长率是经过消涨处理的，即本身剔除了通货膨胀因素。为了探究 $pgdp$ 系数为负是否与我们剔除通货膨胀率有关，我们也利用了未经消涨处理的人均 GDP 增长率 $pgdp1$ 变量进行回归，结果如下表 7－6 所示。

表 7－6　人均 GDP 消涨处理后与消涨处理前回归结果

Variable	混合 OLS 回归（1）	混合 OLS 回归（5）
	$inflation$	$inflation$
$depold$	-0.446***	-0.471***
	(0.0580)	(0.0769)
$pgdp$	-0.138***	
		(0.0344)
$pgdp1$		0.460***
		(0.0185)
$credit$	-0.121***	-0.105***
	(0.0144)	(0.0189)
$consum$	0.0615*	0.165***
	(0.0320)	(0.0239)
$open$	0.00658	0.00604
	(0.00519)	(0.00395)
$crisi$	-0.0445***	-0.00234
	(0.00715)	(0.00553)
$constant$	0.103***	-0.0200*
	(0.0146)	(0.0113)
$R-squared$	0.218	0.576

从表 7－6 可以看出，使用未经消涨处理的人均 GDP 增长率 $pgdp1$ 来回归时，其系数为 0.460，和使用经过消涨处理后的人均 GDP 增长率 $pgdp$ 的 -0.138 符号的确相反，这就说明我们的猜测是正确的，人均 GDP 增长率对通货

膨胀的负向影响很可能与经过消涨处理有关。明白这一内容后再来审视 $pgdp$ 的回归系数 -0.138，我们或许可以这样解释：$pgdp$ 代表的是经济的实际产出能力而非名义产出，系数为负说明经济发展的水平越高，经济实力越强，物价水平就会越低，且波动较小，这就使得通货膨胀率更低。虽然使用 $pgdp1$ 时模型的 R^2 比使用 $pgdp$ 模型的 R^2 要高许多，人均 GDP 增长率的系数也似乎和预期一致，但我们也不能使用未经消涨处理的 $pgdp1$ 代替 $pgdp$ 进行回归。

此外，我们注意到 $pgdp$ 的回归系数和 $consum$ 的回归系数恰好相反，而我们知道消费水平与人均 GDP 水平有着密切的联系，而我们的计量模型既包括 $pgdp$ 又包括 $consum$ 变量，即 $consum$ 变量将 $pgdp$ 变量中消费的影响剥离出来，所以我们可以从 $consum$ 变量的正回归系数得到结论认为以 $consum$ 为代表的需求机制会对通货膨胀产生正向影响。

（5）$credit$ 回归系数为负，与预期不符。$credit$ 是各省市的信贷规模增长率，代表了各省市的货币供应和货币政策的差异。一般来说，我们认为，货币供应越大，信贷规模越大，通货膨胀率也越高，即信贷规模与通货膨胀之间应呈现正向关系。但是我们的回归结果显示 $credit$ 对 $inflation$ 的影响为负，这就要求我们找出原因。一个直观的解释是同上面的 $pgdp$ 解释角度一样，即 $credit$ 本身是剔除了通货膨胀的因素的，如果不剔除通货膨胀因素，$credit$ 对 $inflation$ 的影响也许就会为正。为了探究这种解释的可能性，我们使用未经消涨处理的 $credit1$ 来与经过消涨处理的 $credit$ 进行比较，画出这两个变量与 $inflation$ 的散点图，如图 7-1。

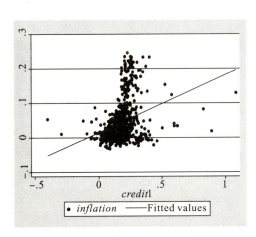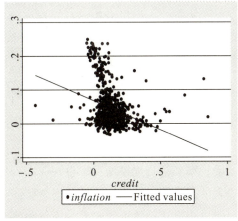

图 7-1 $credit$ 消涨前与消涨后分别和 $inflation$ 的散点图

从图 7-1 可以看出，未经消涨处理的 *credit*1 的确与 *inflation* 呈现正相
关关系，而经过消涨处理的 *credit* 与通货膨胀呈现负相关关系。虽然这可以
说明我们的猜测是正确的，但是需要明确的是，在探究信贷规模与通货膨胀之
间关系时，更为精确的做法的确是应该使用消涨处理后的信贷规模，所以我们
仍然需要解释为什么信贷规模会对通货膨胀产生负向影响。一个很可能的原因
便是许多学者提到的"中国货币消失之谜"，如陈彦斌、唐诗磊等（2009）的
研究认为，短期内我国的货币供应量对通货膨胀没有影响。另一个很可能的原
因是货币供应对通货膨胀的影响是有时滞的，这一结论也为大多数学者所接
受，如李斯特（2013）的研究认为货币供应对通货膨胀的影响是有滞后效应
的。而本章中我们采用的是最简单的混合 OLS 面板回归方法，没有考虑到其
滞后效应，还有待于更深入的探究。

7.3　结论与政策启示

7.3.1　基本结论

本章通过采用我国 30 个省及直辖市 1990—2014 年的面板数据，对人口老
龄化如何影响我国的通货膨胀问题进行了计量回归分析，得到的主要结论
如下：

第一，人群里老年人口抚养比例的确会对通货膨胀产生影响，具体来讲，
在其他条件不变的情况下，我国老年人口抚养比例的增加将会抑制通货膨胀率
的上涨。第二，通过对混合 OLS、固定效应和随机效应模型的回归分析与检
验，我们发现混合 OLS 回归最适合于本书的分析，这也说明我国人口老龄化
对通货膨胀影响这一问题在各省市之间并没有较大的地区差异。第三，在分析
人口老龄化对通货膨胀影响的过程中，控制变量的选取十分重要。我国 1998
年和 2008 年经受的两次金融危机明显抑制了通货膨胀水平，此外，人均 GDP
增长率和信贷规模增长率也在一定程度上抑制了通货膨胀，而以消费水平为代
表的需求机制则显著推动了通货膨胀水平。第四，人口老龄化对通货膨胀的影
响可通过货币政策、收入政策等得到分解，因此在治理通货膨胀时，需要考虑
人口老龄化对不同政策的影响。

7.3.2　政策启示

通过以上实证分析，我们知道了我国的人口老龄化的确会对通货膨胀产生负向的影响，所以政府在施行控制通货膨胀的政策时应当考虑到人口老龄化的因素。而这些用来控制通货膨胀的政策恰好可以反映各种经济变量影响通货膨胀的传导机制，所以我们可以通过研究人口老龄化是否会影响这些政策来确定人口结构的变化对通货膨胀影响的中间过程，从而使得政府在制定政策控制通胀时就可以将人口老龄化的因素纳入直接考虑范围。为此，我们将简要分析人口老龄化与控制通货膨胀的政策之间的关系。我们知道，治理通货膨胀可采用货币政策和收入政策等，本书就从这两种政策入手。

首先是货币政策，关于人口老龄化对货币政策的影响研究在国内才刚刚开始。周源、唐晓婕（2015）建立 DSGE 模型，将我国人口老龄化因素纳入其中，认为我国不断加重的人口老龄化问题将会降低货币政策的有效性；伍戈、曾庆同（2015）探讨了人口老龄化对货币政策影响的争议和共识，从货币政策的四个目标来分析了人口老龄化可能会如何影响货币政策。

其次是收入政策，Jurgen Faik（2012）在《人口老龄化对经济和收入不平等》一文中，通过实证分析认为老龄化的社会会通过影响通货膨胀、经济增长和失业率来最终减轻社会的收入不平等现象。而在国内的有关研究中，董志强、魏下海等（2012）通过提出假说并验证，认为我国的人口老龄化问题加重了收入不平等现象；郭望庆（2011）基于不同地区和收入角度来分析人口老龄化对收入不平等的影响，认为高收入水平的人群中老龄化会加剧收入不平等，而低收入水平的人群中老龄化会削弱收入不平等。从以上研究结果来看，人口老龄化对收入不平等的确有一定的影响，这也就说明了在制定收入政策时应当考虑人口老龄化的因素。

综上，无论是货币政策还是收入政策，人口老龄化这一现象都会或多或少对其产生影响，进而影响这些政策对通货膨胀的调控效力。因此，在后续治理通胀的政策选择和制定上，政府需要结合人口老龄化对各种政策的具体影响来进行适当调整，当然，关于人口老龄化对这些政策的影响也有待于进一步的研究。

8　人口老龄化与货币政策效力

8.1　研究现状述评

如前所述,老龄化早已成为全球社会经济发展面临的重大挑战。老龄化环境使得各国的宏观经济金融环境发生了深刻变化,货币政策也面临诸多新挑战。老龄化与货币政策的关系已日益引起学界的关注。一般认为,尽管人口增速下降和老龄化会抑制总需求、带来结构性通缩压力,但政府完全可以通过宽松的货币政策来抵消这一影响。遗憾的是,在老龄化的背景下,货币政策的有效性值得质疑。

由于存在信息不完全与市场失灵的情况,在实际经济运行中,通过运用货币政策工具,能够影响通货膨胀和实际产出。一般说来,货币政策的效果在于最终调控目标能够在多大程度上反映出货币政策工具的作用。因此,人口结构对货币政策有效性的影响,也就取决于其对货币政策传导的影响。近年来,关于人口老龄化如何影响货币政策传导的理论分析并不少见,具体而言,主要是基于以下几种渠道的分析:

(1) 利率渠道。

根据生命周期理论,青年人是典型的债务人,对利率变动更为敏感。而老年人财富较多,通常不需借款,对利率变化的敏感性较低。这使得在老龄化社会中,货币政策在削弱或鼓励需求方面的效果或被减弱 (Kara 和 Thadden,2016)。

(2) 财富渠道。

货币政策对贫者与富者所产生的效果并不均衡,富者会对货币政策的变化更为敏感 (Gornemann 等,2014)。老年人拥有更多资产,使得在老龄化社会中,财富效应的作用或得以加强。

（3）信贷渠道。

当老年人拥有更多财富作为抵押时，其外部融资成本更低，借贷行为受货币政策的影响更小。同时，在养老保险体系较完善的条件下，老年人群借贷消费的倾向也更低，即在老龄化社会中，老年人可以通过自我融资来满足消费和投资需求，货币政策通过信贷渠道发挥的作用被削弱（Miles，2002）。

（4）预期渠道。

通胀预期会随年龄而增长，这意味着老龄化社会对通货膨胀率的容忍度在降低，可能导致政策当局受到政治压力，不得不维持低通货膨胀率（Bean，2004）。

（5）风险承担渠道。

当货币扩张或利率下降时，经济主体通常愿意承担更多风险，即货币政策会通过影响经济主体的风险偏好作用于实体经济。（Borio and Zhu，2008）老龄化社会整体风险厌恶程度更高，可能降低风险承担渠道的传导效力。

综上所述，基于生命周期假说，老年人多为债权人，青年人多为债务人，这会导致其对政策工具反应的敏感程度，以及对政策目标偏好的异质性。在上述异质性的背景下，经济中哪一类人群居主导地位将对货币政策效力产生重要影响。也就是说，尽管这些研究基本认同老龄化的人口结构会对货币政策的效力产生影响，但在效力的作用方向和效果上却无法达成共识。原因在于：其一，上述研究属理论建模分析，某一模型难以涵盖所有渠道的影响。如老年人财富较多可能通过不同渠道或增强或削弱政策效应，基于不同模型的分析使得结论难以一致。其二，过于严格的假设难以容纳现实经济的异质性，不同国家货币政策渠道有效性的不同，会使不同国家不同发展阶段的结果或存在差异。

由于理论分析的局限性，一些文献从实证层面对这一问题进行了拓展，基本认为在发达国家老龄化削弱了货币政策效力。如，西村和陶卡奇（Nishimura and Takats，2012）通过对 22 个发达国家的实证，发现人口年龄结构会影响货币需求。尤塞柳斯和陶卡奇（Juselius and Takats，2015）使用22 个 OECD 国家的数据，指出人口年龄结构会影响政策利率对通货膨胀率的调控效果。

可见，老龄化对货币政策传导的影响，是一个极其重要又有待深入的问题。言其重要，是因为对二者关系的认知，可能改变最优货币政策分析面临的约束条件，为分析和评价货币政策提供崭新视角，提醒货币当局在设计和执行货币政策时必须重视人口结构的影响。称其待深入，是因为既有研究主要关注发达国家，老龄化对货币政策效力的影响离不开货币政策传导渠道，而货币政

老龄化与金融稳定
基本框架及在中国的实证

策传导渠道众多，涉及多种宏观经济变量，与经济发展阶段与制度因素紧密相关，发达国家的结论是否具有普遍性有待检验。

与此同时，新兴经济体是推动世界经济发展的重要力量，其持续健康发展与人口结构尤其相关。新兴经济体正不同程度地步入老龄化社会，随着"人口红利"期结束，新兴经济体可能面临"未富先老"的发展窘境。其中，中国老龄化趋势十分明显，扶老比增速明显快于世界同期平均水平，人口结构呈现出"快变量"的特征，值得高度关注。显然，人口结构对货币政策效力的影响问题，关系到中国等新兴经济体经济增长的动力能否持续，并可能导致宏观经济政策的取舍权衡发生变化。而新兴经济体的货币政策框架有别于发达国家，对新兴经济体的研究不能照搬发达国家的结论，需要考虑国情的差异。

遗憾的是，现有的国内研究还在起步阶段，如：高见（2010）发现，随着人口老龄化，中国通货膨胀与失业率的可替代性在降低，可能影响央行对政策目标的抉择。刘枭（2014）采用我国2002—2012年的相关数据，发现人口老龄化对货币供应量、贷款总量和财政赤字存在显著影响。但以上文献都只是对人口年龄结构与货币政策效力关系的一种佐证。

如前所述，货币政策有效性大小与货币政策传导息息相关。从实证上说，货币政策传导机制是指由中央银行运用政策工具通过中介目标引致政策最终目标变化的途径。因此，从货币政策传导的角度，度量货币政策效果的一般做法是，采用向量自回归方法来构建货币政策最终目标对于中介变量冲击的脉冲响应值，以此度量货币政策效力。然而，传统的向量自回归（VAR）模型假定参数不变，因此无法捕捉冲击效果的时序变化，不宜与时变的人口结构数据匹配。新近发展的时变向量自回归（TVP-VAR）模型则解决了这一问题，该模型考虑了模型参数和扰动项方差的时变性，可以刻画货币政策有效性的时序变化（Primiceri，2005；Nakajima，2011）。在 TVP-VAR 模型基础上，Imam（2015）基于5个发达经济体国家的数据，发现老龄化每上升1%，调控利率的通胀效应将下降0.1%，但这一结论可能并不适用于发展中国家。

因此，本章旨在实证分析新兴经济体人口年龄结构对货币政策有效性的影响，以为新兴经济体，尤其是中国货币政策的科学决策与宏观经济的未来走向提供参考依据。由于新兴经济体老龄化的程度和速度存在差异，将不同老龄化程度和速度的新兴经济体情况纳入考察，截面的差异性将更利于回答这一问题。

考虑到中国的地域与经济特征，同时尽可能反映人口年龄结构的截面差异，我们将样本限定于金砖国家和G20国（OECD国家）中的亚洲及周边新兴经济体。受限于数据的可得性，我们最终选择了中国、印度、南非、韩国、土耳其，并加入了中国台湾地区，作为样本经济体。本章的结构安排如下：第二节使用一个时变向量自回归模型，得到货币政策有效性的代理变量。第三节实证分析人口年龄结构对货币政策有效性的影响。最后是小结。

　　本章的贡献将主要集中在两点：

　　第一，与针对新兴市场国家的既有研究比，研究框架和研究方法不同。本文首先使用 TVP－VAR 模型度量了样本国家货币政策效力的时变特征，再将其与人口年龄结构等变量组成面板数据进行回归，以此更精准地捕捉人口年龄结构与货币政策效力的关系。

　　第二，与针对发达国家的相关研究比，考虑了新兴市场国家在货币政策目标和中介变量方面的特征。在发达国家的通货膨胀目标制下，货币政策更关注利率变量，用政策利率稳定物价并允许汇率自由浮动。但在新兴经济体中，经济增长往往也是一个重要的目标，汇率也并非完全浮动。因此，在货币政策工具和中介目标的选择上，货币当局往往将利率、汇率与货币供应量统筹考量。这些都使得本文的变量设置与针对发达国家的研究必然存在差异。

8.2　货币政策效力的时变特征

8.2.1　时变系数向量自回归模型

　　本部分旨在度量各国货币政策效力的时变特征，以便与时变的人口结构数据匹配。如前所述，识别货币政策效力的一种方法是构建货币政策最终目标对于中介变量的脉冲响应值，可以通过时变向量自回归（TVP－VAR）模型实现，模型设定如下

$$y_t = c_t + B_{1t}y_{t-1} + \cdots + B_{st}y_{t-s} + e_t, e_t \sim N(0, \Omega_t), t = s+1, \cdots, n$$

$$(8-1)$$

　　其中，y_t 表示包含了 k 个被解释变量的 $k \times 1$ 维的观测变量向量。$B_{1t}, \cdots, B_{st}$ 是 $k \times k$ 维的时变参数矩阵，Ω_t 是 $k \times k$ 维的时变协方差矩阵。TVP－VAR 模型的估计框架是基于蒙特卡罗（MCMC）算法的贝叶斯估计。在这一框架下，本文沿用了 Nakajima(2011) 的算法，基本思路如下：假设 Ω_t 可分解为 $\Omega_t = A_t^{-1}\sum_t$

$\sum_t A_t'^{-1}$，其中，A_t 是对角元素为 1 的下三角矩阵，$\sum_t$ 是一个对角矩阵$(\sigma_{1t}, \cdots,$ $\sigma_{kt})$。进一步将 e_t 分解为 $e_t = A_t^{-1} \sum_t \varepsilon_t$，其中，$\varepsilon_t \sim N(0, I_k)$。再将 B_i 的每行元素拉直堆叠排列，得到时变系数向量 β_t。采用 Kronecker 积运算，定义 $X_t = I_s$ $\otimes (1, y_{t-1}, \cdots y_{t-s})$，对（8−1）式进行简化，可得：

$$y_t = X_t \beta_t + A_t^{-1} \sum_t \varepsilon_t \qquad (8-2)$$

显然，式（8−2）中的 β_t、A_t 和 $\sum_t$ 都是时变的。将 A_t 中的时变参数元素拉直堆叠排列，得到 $\alpha_t = (\alpha_{21}, \alpha_{31}, \cdots, \alpha_{k,k-1})'$。定义 $h_t = (h_{1t}), \cdots h_{kt}), h_{it} = \log \sigma_{it}^2$。假定上述时变系数服从如下随机游走过程：

$$\begin{aligned} \beta_{t+1} &= \beta_t + u_{\beta t}, \\ \alpha_{t+1} &= \alpha_t + u_{\alpha t}, \\ h_{t+1} &= h_t + u_{ht}, \end{aligned} \quad \begin{bmatrix} \varepsilon_t \\ u_{\beta t} \\ u_{\alpha t} \\ u_{ht} \end{bmatrix} \sim N \left(0, \begin{bmatrix} I & 0 & 0 & 0 \\ 0 & \sum_\beta & 0 & 0 \\ 0 & 0 & \sum_\alpha & 0 \\ 0 & 0 & 0 & \sum_h \end{bmatrix} \right)$$

设定初始值服从如下分布，$\beta_{s+1} \sim N(\mu_{\beta_0}, \sum_{\beta_0})$，$\alpha_{s+1} \sim N(\mu_{\alpha_0}, \sum_{\alpha_0})$，$h_{s+1} \sim N(\mu_{h_0}, \sum_{h_0})$。

采用马尔可夫链蒙特卡罗（MCMC）算法对模型进行估计。在执行 MCMC 方法之前，需设定先验条件，并对参数赋予起始值。沿用 Nakajima （2011）的算法，设定时变参数的初始状态和先验信息如下：$\mu_{\beta_0} = \mu_{\alpha_0} = \mu_{h_0}$ $= 0$，$\sum_{\beta_0} = \sum_{\alpha_0} = \sum_{h_0} = 10 \times I$，$\sum_\beta \sim IW(25, 0.01I)$，$(\sum_\alpha)_i^{-2} \sim G(4,$ $0.02)$，$(\sum_h)_i^{-2} \sim G(4, 0.02)$，这里，$(\sum_\alpha)_i^{-2}$、$(\sum_h)_i^{-2}$ 分别是 $\sum_\alpha$ 和 $\sum_h$ 的第 i 个对角矩阵。IW 和 G 分别表示逆维希特（Inverse Wishart）分布和伽马（Gamma）分布。

8.2.2 数据与实证说明

考察货币政策最终目标对于中介变量的脉冲响应程度，需要选取对应的可观测序列来构建（8−1）式中的 y_t。就货币政策中介变量而言，新兴经济体往往采用了数量型和价格型相结合的调控框架，利率和货币供应量是两个重要的变量①。此外，研究发现，新兴经济体常将汇率（隐含地）包括在其利率反应函数（如泰勒规则）中（如 Monhanty 和 Klau，2005；Ivrendi 和 Yildirim，2013）。因此，根据一般做法，本书以短期市场利率②、货币供应量 M2 的同比增长率、实际有效汇率指数分别作为利率 IN、货币供应量 MP 以及汇率 EX 的代理变量。就货币政策目标而言，一般认为，新兴经济体存在多重货币政策目标，通货膨胀与经济增长是多数经济体的首要考虑。故本文以消费者价格指数的同比增长率代表通胀率 π，将实际 GDP 作为产出 NY 的代理变量，即有 $y_t = [\pi，NY，MP，IN，EX]'$③。所有序列用 X12 方法进行了季节调整，同时为避免数据剧烈波动和消除潜在的异方差性，对实际 GDP 进行了对数处理。限于数据的可得性，上述变量对应的时间跨度为 1996 年第一季度至 2015 年第二季度。数据分别来自各国统计局网站、中经网统计数据库、Wind 数据库。

在 TVP-VAR 模型中，边际似然估计值可以作为传统的信息准则使用，数值越大，拟合效果越好。我们计算了各经济体滞后 1~5 阶模型的边际似然估计值④，应用 MCMC 算法时，连续抽样 10000 次，并舍弃前 1000 次抽样。根据边际似然估计值最大的原则，分别选择了滞后项为 1 阶（印度、中国台湾地区），或滞后项为 2 阶（韩国、中国和南非）的模型。

表 8-1 列出了各经济体估计结果的收敛诊断概率和低效因子量值，收敛诊断概率越大，低效因子量值越小，说明模型拟合效果越好。从表 8-1 可见，从收敛诊断的值来看，在 1% 的显著水平下参数后验分布的零假设未被拒绝，整体收敛性较好。从低效因子量值看，大部分均小于 100。这两个指标都说明各经济体模型的拟合效果较好。

---

① Ivrendi 和 Yildirim（2013）指出在新兴市场经济体中，货币供应量仍然是一个重要的货币政策指标。

② 参考相关研究，并考虑数据可得性，各国指标选取说明如下：中国是银行间同业拆借加权利率（季数据）；印度和南非都是央行贴现率（季数据）；韩国和中国台湾地区分别是无担保隔夜拆借利率和金融业隔夜拆借利率的月数据，再用三项移动平均法处理为季数据；土耳其是银行间隔夜利率（季数据）。

③ Del Negro 和 Primiceri（2015）研究发现，在以 MCMC 方法估计 TVP-VAR 模型的情况下，变量进入顺序和各参数的抽样顺序对结论的影响并不大。因此，本书的变量沿用了多数文献的进入顺序，而抽样顺序则沿用了 Nakajima（2011）的设定。

④ 在实际计算中，用对数似然估计值的期望来代表边际似然估计值。

表 8-1　TVP-VAR 模型估计效果表

系数	中国	印度	南非	韩国	土耳其	中国台湾地区
$(\sum_\beta)_1$	0.78(5.99)	0.47(3.92)	0.71(4.26)	0.56(4.37)	0.13(118.77)	0.33(7.37)
$(\sum_\beta)_2$	0.88(2.73)	0.92(6.66)	0.43(4.89)	0.91(3.55)	0.24(135.78)	0.11(7.70)
$(\sum_\alpha)_1$	0.24(47.49)	0.80(39.95)	0.97(13.19)	0.061(24.31)	0.13(117.66)	0.39(51.70)
$(\sum_\alpha)_2$	0.74(23.76)	0.67(26.30)	0.16(19.35)	0.68(18.67)	0.058(104.82)	0.81(71.06)
$(\sum_h)_1$	0.93(27.88)	0.26(131.55)	0.56(13.24)	0.46(20.33)	0.32(115.04)	0.062(28.97)
$(\sum_h)_2$	0.24(31.03)	0.52(46.45)	0.92(31.78)	0.27(32.19)	0.049(104.3)	0.62(38.49)

注：括号内为低效因子量值，括号外为收敛诊断值

　　TVP-VAR 模型在每一个时点上均可生成脉冲响应的估计值，这就为本文的分析提供了可行性。考虑到货币政策冲击的影响主要体现在中短期，设置 12 期（3 年）滞后来观察因变量对单位冲击变量的时滞脉冲响应，以通货膨胀率 π 和产出 NY 对于利率 IN 和货币供应量 MP 的累积时滞脉冲响应值[①]来衡量货币政策的效力，如图 8-1 所示。

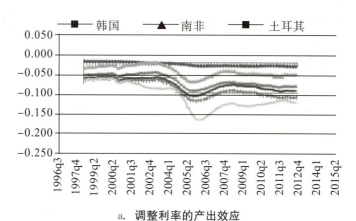

a. 调整利率的产出效应

图 8-1　货币政策效力的时序变化

---

　　①　因稳健性需要，本书考虑了最大脉冲响应值；但因其不能在趋势上提供更多特征，故将其略去。

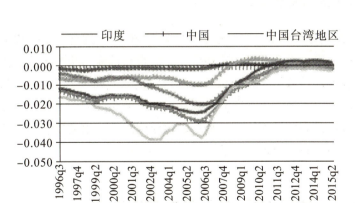

b. 调整利率的价格效应

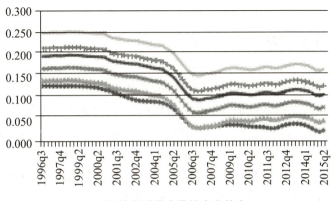

c. 调整货币供应量的产出效应

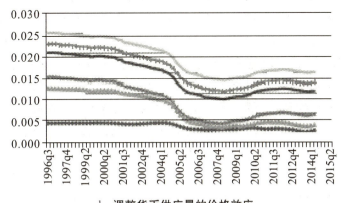

d. 调整货币供应量的价格效应

图 8-1　（续）

　　图 8-1 描述了利率 *IN* 和货币供应量 *MP* 对通货膨胀率π和产出 *NY* 的累积时滞脉冲响应值。可见，首先，各经济体货币政策效力呈现波动性特征，在

2006—2008 年尤为明显。这可能是与肇始于 2007 年的全球金融危机有关，因本文的货币政策效力是三年的累积效应，故危机前年份也受到了较大影响。其次，各经济体货币政策中介变量对最终目标的影响都呈现出基本相同的趋势。除利率对产出的影响外[①]，其余影响都呈现下降的趋势。而恰恰在这一时期，老龄化趋势在新兴经济体中开始显现，这就引出了本书要回答的主要问题：老龄化进程是否削弱了货币政策效力。

8.3 人口结构对货币政策效力的影响

8.3.1 计量模型与平稳性检验

下面，我们将引入人口结构因素，基于各经济体 1996 年第 1 季度至 2015 年第 2 季度的面板数据，来分析其对前述响应效果的影响。回归模型构建如下

$$IY\_k_{it}^{j} = \alpha_{i1} + \alpha_2 OL_{it} + \alpha_3 MU_{it} + \alpha_4 OP_{it} + \alpha_5 CR_{it} + \alpha_6 DR_{1it}$$
$$+ \alpha_7 DR_{2it} + e_{it} \qquad\qquad (8-3)$$

其中，k 代表利率或货币供应量，IY_k 即货币政策效力变量，以货币政策目标对于中介变量 k 的累积脉冲响应值度量；$j=1$，2，分别表示产出目标和通货膨胀目标。OL 是人口老龄化指标，以扶老比度量。一般认为，产业结构 MU、经济开放程度 OP 和信贷市场状况 CR 都会对货币政策效力产生影响，故将其作为控制变量，分别以制造业增加值、对外贸易总额和私营部门国内信贷占 GDP 之比予以度量，通过在原始值上加 1 取 LOG 函数进行了对数化处理。所有数据来自中经网统计数据库、Wind 数据库和世界银行数据库。对于部分缺失的季度数据，采用 matlab 软件以三次样条插值法补充完整。此外，为了控制金融危机的影响，我们加入了哑变量 DR_1 和 DR_2 分别反映 1997 年亚洲金融危机和 2008 年全球金融危机的冲击[②]。

---

　　① 利率对产出的影响上升可能是由于新兴市场国家对利率工具使用程度的加大和利率工具环境的不断改善导致的，这一观点可以参见 Ivrendi 和 Yildirim（2013）。

　　② 虚拟变量的取值借鉴了 Laeven 和 Valencia（2012）对金融危机时间的界定，亚洲金融危机在1997—1998 年，全球金融危机在 2007—2009 年。考虑到危机前年份的货币政策效力仍可能受到次年金融危机的影响，故在设置虚拟变量值时，将危机段有所提前。具体地，将 DR_1 在 1996 年 1 季度到 1998 年 4 季度设为 1，其余为 0；将 DR_2 在 2006 年 1 季度到 2009 年 4 季度设为 1，其余为 0。

为避免伪回归，需要对各变量进行单位根和协整检验。表 8−2 的单位根检验结果显示，各变量均为一阶单整的 I（1）序列，存在协整的可能。

表 8−2　面板单位根检验结果

变量	水平值方程				一阶差分方程			
	IPS 检验	ADF−fish-er 检验	PP−fisher 检验	LLC 检验	IPS 检验	ADF−fish-er 检验	PP−fisher 检验	LLC 检验
OL	−0.87 (0.965)	0.38 (1.000)	0.22 (1.000)	−0.37 (0.668)	−2.71*** (0.000)	30.29*** (0.003)	35.82*** (0.000)	−6,68** (0,011)
MU	−1.54 (0.469)	16.21 (0.182)	44.19*** (0.000)	−3.23 (0.284)	−9.20*** (0.000)	335.68*** (0.000)	352.22*** (0.000)	−18.34*** (0.000)
OP	−1.71 (0.287)	12.19 (0.431)	11.79 (0.462)	−3.37 (0.506)	−6.08*** (0.000)	165.05*** (0.000)	272,42*** (0.000)	−15.18*** (0.000)
CR	−1.71 (0.29)	5.82 (0.925)	5.43 (0.942)	−3.44 (0.586)	−4.44*** (0.000)	50.00*** (0.000)	85.69*** (0.000)	−11,20*** (0.000)
IY_IN_1	−2.63* (0.076)	14.99 (0.242)	3.57 (0.990)	−5.08 (0.231)	−2.67*** (0.001)	39.17*** (0.000)	26.08** (0.010)	−7.235*** (0.005)
IY_IN_2	−2.02 (0.672)	16.60 (0.165)	3.56 (0.990)	−5.15 (0.554)	−3.55*** (0.000)	36.20*** (0.000)	32.53*** (0.001)	−7.53*** (0.007)
IY_MP_1	−0.97 (0.939)	13.56 (0.330)	4.95 (0.960)	−1.63 (0.622)	−3.61*** (0.000)	51.72*** (0.000)	127.50*** (0.000)	−9.41*** (0.000)
IY_MP_2	−1.50 (0.513)	12.21 (0.429)	5.14 (0.953)	−2.53 (0.994)	−2.62*** (0.001)	38.79*** (0.000)	47.24*** (0.000)	−7.00*** (0.004)

注：（1）＊、＊＊、＊＊＊分别表示在10％、5％和1％置信水平下拒绝"面板中所有截面对应的序列都非平稳"的原假设；（2）括号内为检验的 p 值

但其是否存在长期均衡关系，还需考察面板协整检验的结果。用韦斯特隆德（Westerlund，2007）方法进行面板进行协整检验，检验方程根据（8−3）式，分别以利率和货币供应量的产出与通胀效应为因变量，以前述变量为自变量；同时，按 AIC 准则在检验中设定滞后 3 期和领先 1 期。

从表 8−3 可见，在10％的置信区间下，各统计量基本都拒绝了不存在协整关系的原假设，说明变量间存在长期均衡的协整关系，普通最小二乘法（OLS）估计量不再有效，需要使用针对面板协整关系的估计方法。比较常用的面板协整估计方法有动态最小二乘法（DOLS）和完全修正的最小二乘法（FMOLS），其基本思想都是通过修正残差的序列自相关来得到有效估计量。高和刘（Kao and Liu，2000）比较了 FMOLS 和 DOLS 三种估计量的有限样本特征，发现 DOLS 是比 FMOLS 偏差更小的面板协整估计量。因而我们采用 DOLS 方法对（8−3）式进行估计，滞后期和领先期按 AIC 准则设定如前，

并辅以 FMOLS 估计作为稳健性检验。鉴于样本可能存在异质性，我们进行了两组回归，第一组为全部样本国家，而第二组则去掉中国进行回归。

表 8—3　面板协整检验结果

统计量	因变量：政策工具的政策效果			
	利率的产出效应	货币供应量的产出效应	利率的通胀效应	货币供应量的通胀效应
Gt	−2.93** (−1.701)	−3.06** (−2.094)	−2.68 (−0.935)	−2.83* (−1.390)
Ga	−17.18** (−1.863)	−19.00*** (−2.517)	−15.60* (−1.292)	−17.52** (−1.982)
Pt	−7.19** (−2.305)	−8.27*** (−3.542)	−7.22*** (−2.342)	−8.11*** (−3.355)
Pa	−19.532*** (−4.234)	−21.72*** (−5.109)	−19.206*** (−4.104)	−22.969*** (−5.608)

注：（1）＊、＊＊、＊＊＊分别表示在 10%、5% 和 1% 置信水平下拒绝"不存在协整关系"的原假设；（2）括号内为对应的 z 值

8.3.2　全样本估计结果

表 8—4 显示了对式（8—3）进行全样本估计的实证结果。从表 8—4 可见，由于模型难以囊括影响货币政策效力的所有因素，调整后的 R^2 不高。但表中多数 z 检验值的绝对值都较大，即系数的显著性水平较高，说明实证结果具有一定的可信性。同时，FMOLS 估计的系数方向，以及各解释变量影响的相对大小都与 DOLS 估计基本一致。这表明了 DOLS 估计结果的稳健性，下文就 DOLS 的估计结果进行分析。表 8—4 显示，老龄化指标的 z 检验值绝对值相对较大，说明老龄化在一定程度上降低了货币政策的效果，老龄化通过财富效应途径对货币政策效力的影响弱于利率、信贷和风险承担渠道。平均而言，老龄化上升 1%，将导致调控利率的产出效应和通胀效应分别降低 0.008 和 0.0004，调控货币供应量的产出效应和通胀效应分别降低 0.001 和 0.0003。可见，老龄化对不同政策目标的影响程度不一致，其对产出效应的影响明显大于对通胀效应的影响。比恩（Bean，2004）等文献已经指出老龄化会影响增长与产出目标之间的权衡，使菲利普斯曲线更加扁平化，导致控制通胀所需要牺牲的经济增速代价上升。我们的研究进一步表明，在老龄化社会，产出会比通货膨胀更难控制，即随着新兴经济体老龄化程度的加剧，一方面货币政策对通胀目标的容忍度在降低，另一方面控制通胀的难度和成本都在上升，这些都

使得新兴经济体的货币政策面临更多挑战。此外，老龄化对调控利率效果的影响在系数和统计显著性上都高于调控货币供应量效果的影响，印证了利率渠道的作用，也意味着伴随新兴经济体持续向以政策利率为中介目标的货币政策框架转变，老龄化可能使货币政策发挥作用的基础受到更大限制。

表 8-4　全样本估计结果

自变量	因变量：利率工具的政策效果				因变量：货币供应量的政策效果			
	产出效应		通胀效应		产出效应		通胀效应	
	DOLS	FMOLS	DOLS	FMOLS	DOLS	FMOLS	DOLS	FMOLS
OL	−0.0080 (−1.38)	−0.012*** (−3.71)	−0.00041* (−1.84)	−0.00014 (−1.01)	−0.0010 (−1.11)	−0.0012 (−1.53)	−0.00033 (−1.21)	−0.00022 (−1.45)
MU	0.0059** (2.56)	0.0079** (2.05)	0.013* (1.76)	0.012** (2.24)	0.0066*** (5.10)	0.0071*** (14.17)	0.026** (8.00)	−0.027 (0.43)
OP	0.00042 (0.64)	0.00011 (1.63)	0.0022 (1.37)	0.0013 (0.79)	−0.0019*** (−6.41)	−0.00047*** (−2.15)	−0.00065 (−0.33)	0.0014 (0.47)
CR	0.0017*** (3.79)	0.0016*** (3.73)	0.00024 (2.21)	0.00025 (2.81)	0.0014*** (7.17)	0.00057** (2.40)	0.0018 (1.20)	0.00083** (1.97)
DR_1	−0.0004 (−1.43)	0.0035 (0.34)	−0.029 (−0.75)	−0.0012*** (−6.34)	−0.0024*** (−3.53)	−0.000045*** (−1.45)	−0.067** (−2.09)	0.000038 (0.65)
DR_2	−0.0107* (−1.78)	−0.0105** (−2.09)	−0.013 (−1.47)	−0.015 (−1.45)	−0.011** (−2.24)	−0.0109** (−2.04)	−0.019** (−2.11)	−0.026** (−2.56)
调整后 R^2	0.1434	0.1615	0.1242	0.1303	0.1698	0.1586	0.1363	0.1271

注：(1) *、**、***各表示在 10%、5%和 1%水平上显著。(2) 括号内为对应的 z 值

同时，上述老龄化的作用低于伊玛目（Imam，2015）针对发达国家的研究结论。可能的原因如下：一是新兴经济体财富向老年人群集中的程度不及发达国家，以 2015 年样本经济体高净值人群的平均年龄为例，基本低于 56 岁的世界平均水平[①]。从前述分析可知，老龄化对货币政策传导的影响与老龄人群的财富较多密切相关。显然，新兴经济体财富向老龄人群的倾斜程度不够，导致在老龄化进程中，社会整体对货币政策的敏感度变化不大。二是新兴经济体的养老保障体系相对不完善，金融市场发达程度相对不高，资产选择不如发达国家丰富，导致社会整体对调控利率和货币供应量的敏感度较低，不同代际人

[①]　除中国台湾地区和韩国数据缺失外，其他国家数据根据英国咨询公司 Wealth Insight 关于高净值人群的研究报告整理。尽管韩国高净值人群的数据不可得，但 OECD 数据库公布了韩国 2013 年不同年龄段家庭净资产数据，其中，65 岁人群净资产均值明显小于 45～54 岁和 55～64 岁年龄段的净资产均值。

群对资产选择的风险偏好分化不明显，削弱了老龄化通过各传导渠道对政策效力的影响。可见，在新兴经济体中，无论在老龄化背景下变弱或变强的传导机制，其变化都小于在发达经济体中的情况，导致抵消后的削弱效应仍然较低。

在控制变量方面，与相关文献结果基本一致，制造业份额和私人部门信贷的增多都促进了货币政策效应。经济开放度对调控利率的政策效果的影响并不显著，但对调控货币供应量的产出效应呈反向影响。此外，两次金融危机期间货币政策有效性都变弱，但亚洲金融危机的显著性略小，这可能与样本经济体不完全隶属东亚所导致的异质性有关。

8.3.3　子样本估计结果

从表8-4可见，解释变量的统计显著性并不十分理想，但统计上的不显著可能是样本国家存在异质性所导致的。因此，我们去掉中国后重新进行了回归，结果如表8-5所示。

表8-5　子样本估计结果

自变量	因变量：利率的政策效应				因变量：货币供应量的政策效应			
	产出效应		通胀效应		产出效应		通胀效应	
	DOLS	FMOLS	DOLS	FMOLS	DOLS	FMOLS	DOLS	FMOLS
OL	-0.0066^{***} (-5.47)	-0.0040^{*} (-1.91)	-0.00031^{***} (-4.38)	-0.00054^{***} (-4.27)	-0.0012^{***} (-9.59)	-0.0017^{**} (-2.5)	-0.00084 (-1.47)	-0.00071^{***} (7.36)
MU	0.0015^{***} (2.75)	0.0013 (10.43)	0.0015^{***} (10.97)	0.0021^{***} (14.04)	0.0010 (0.92)	0.0029 (0.41)	0.00019^{***} (5.35)	0.00018^{***} (7.96)
OP	-0.00042^{***} (-7.74)	-0.000076 (-0.6)	0.00026 (1.66)	-0.000021 (-0.13)	-0.00082^{***} (-7.18)	-0.00074^{***} (-4.00)	-0.00016^{***} (-4.47)	-0.00015^{***} (-36.14)
CR	0.0022^{***} (12.59)	0.0025^{**} (2.07)	0.0012^{***} (10.59)	0.00017 (0.58)	0.00011^{***} (8.93)	0.00015^{***} (25.94)	0.00038^{***} (12.33)	0.00045^{*} (1.72)
DR_1	-0.00029 (-1.59)	0.0033 (0.39)	-0.031 (-0.68)	-0.0013^{***} (-3.78)	-0.0038^{***} (-3.30)	-0.00086^{***} (-5.45)	-0.053 (-1.40)	-0.000024^{***} (-4.62)
DR_2	-0.0081^{*} (-1.65)	-0.00031 (-1.6)	-0.0078 (-1.18)	-0.0013^{*} (-1.69)	-0.0092^{*} (-1.92)	-0.0084^{***} (-7.44)	-0.015^{*} (-1.87)	-0.014^{**} (-2.34)
调整后 R^2	0.1803	0.1591	0.1947	0.1618	0.1993	0.2061	0.1777	0.1952

注：（1）＊、＊＊、＊＊＊各表示在10%、5%和1%水平上显著。（2）括号内为对应的 z 值

从表8-5可见，DOLS的估计结果与FMOLS的估计结果在系数方向上差异不大，说明DOLS的估计结果具有一定的稳健性。下面，仍针对DOLS

结果进行分析，比较表8-4和表8-5后发现，去掉中国样本后呈现以下几点特征：

首先，调整后的 R^2 有所提高，说明中国是全样本回归中的异质性样本。由于中国货币政策传导存在很多障碍性因素，上述解释变量对于中国货币政策效力的解释力可能相对较低，影响了全样本回归的拟合效果。其次，在控制变量方面，去掉中国后，一方面，原来统计显著的解释变量仍然显著，影响方向也没有变化，验证了全样本回归结果的稳健性。另一方面，经济开放度和私人信贷对利率政策效果的统计显著性明显增大，私人信贷的影响变得比制造业份额的影响更大。这可能是因为长期以来中国的货币政策操作更加依赖数量型调控框架，且信贷市场的扭曲和低效配置可能导致私人信贷对货币政策效力的作用较小，对全样本回归结果造成了影响。

最后，老龄化指标对货币政策效力仍呈削弱作用，再次说明了全样本回归的稳健性。同时，从 z 值的绝对值看，统计显著性明显提高。平均而言，老龄化上升 1%，使调控利率的产出效应和通胀效应显著降低了 0.007 和 0.0003，使调控货币供应量的产出效应显著降低了 0.0012，通胀效应降低了 0.0008。上述结果印证了中国样本的异质性，说明老龄化对中国货币政策效力的影响可能弱于其他样本，这可能与中国转轨期的阶段特征有关：①我国各项社会保障制度还不够健全，家庭之间存在双向的代际经济流动，导致居民生命周期储蓄率呈 U 形特征（Chamon 和 Prasad，2010）。这可能使得我国不同代际人群对货币政策信号的敏感程度与他国存在差异。②我国金融市场发展时间较短，家庭资产配置方式趋同，主体的金融决策具有惯性。根据甘犁等（2013）的研究，住房是大部分家庭的重要资产；在家庭持有的金融资产中，银行存款等无风险资产占比超过 70%。这或意味着社会对各类资产的认识相对固化，代际间的风险偏好差异较小，导致人们对货币政策信号的敏感程度在代际间差别不大。③我国利率市场化改革尚未完成，存贷款利率因被管制而压低，信贷市场长期供不应求，导致主体信贷决策对利率的敏感度较低，代际差异较小。

8.4　小结

本章基于中国等 6 个新兴市场国家或地区的数据，在以 TVP-VAR 模型得到货币政策有效性时变指标的基础上，实证分析了老龄化对新兴经济体货币政策效果的影响。结果发现：①在新兴市场国家，老龄化削弱了新兴经济体的货币政策效力。尽管由于经济金融发展程度的不同与社会财富的年龄分布差异，影响小于发达国家，但这种影响仍然是稳健的，并不受商业周期等经济波动因素的影响。②老龄化对新兴经济体货币政策的影响呈不对称性，老龄化对产出效应的影响大于对通胀效应的影响，对调控利率效果的影响大于对调控货币供应量效果的影响。③在排除中国样本后，老龄化对货币政策效果的削弱作用高度显著，反映了实证结果的稳健性和中国样本的异质性。在我国社会保障制度不够健全、金融市场发展程度较低、利率市场化改革尚未完成的背景下，居民储蓄率的 U 形特征、家庭资产配置的趋同化以及利率的长期被管制都可能导致中国不同代际人群对货币政策信号敏感性程度差异很小。

综上，老龄化对货币政策效果的影响，与样本经济体的发展阶段与经济社会特征有关。随着样本国家和地区经济金融体制、社会保障制度与货币政策框架的逐步完善，老龄化对其货币政策效力的影响会更加凸显。因此，有关当局宜根据人口结构变化的规律，审时度势做出相应的政策调整。

首先，从中、远期出发以前瞻性政策应对。货币政策目标在老龄化背景下可能产生变异，在一个不断老龄化的社会中，一方面对通货膨胀率的容忍度在不断下降，另一方面控制通胀率的难度又在不断上升。这意味着随着人口的老化，新兴经济体货币政策当局实现促增长和控通胀的平衡将更加艰难，需要全面考虑新的权衡因素，不断渐进调整。

其次，加强政策的协调配合。一方面，老龄化对不同中介变量冲击的影响是不均衡的，需要更加多样化的货币政策操作方式来实现同样的政策效果。如除加大利率调整的幅度外，宜进一步强化对量化宽松的货币政策运用。另一方面，要重视其他政策工具的协调配合。老龄化对经济社会冲击是全方位的，货币政策需与其他结构性改革与宏观政策相配合来应对老龄化挑战。金融市场的持续健康发展，养老与社会保障体制的不断完善，都会促进货币政策传导机制的有效性，保障货币政策目标的顺利实现。

最后，中国社会的特殊国情使其货币政策环境与其他新兴经济体有明显差异。在"未富先老"的背景下，随着我国经济改革的纵深发展，我们可能面临更严峻的货币政策操作环境，需要谨慎使用激进的货币政策，既要避免刺激性政策可能导致的螺旋式通胀，又要警惕通缩困境，防范资产泡沫与潜在的风险集聚，保持经济金融的平稳运行。

9 基本结论与政策建议

9.1 基本结论

本书围绕人口老龄化对金融稳定的影响展开了一系列研究，在对基本现状和理论基础进行梳理的基础上，提出了研究人口老龄化对金融稳定的影响的基本框架，认为关键在于对两类问题的研究：一是老龄化对资产需求与资产价格的影响，二是老龄化对通货膨胀率及货币政策有效性的影响。具体来看，在全书的不同部分，老龄化对相关关键变量的影响表现出不同的特征，总结如下：

第一，人口老龄化对房地产价格的影响。

在现阶段，动态面板模型与面板协整模型的估计结果共同表明老年人群比例对房价存在正影响且弹性更大，人口老龄化没有导致房价下跌。同时，人口年龄结构对房价的影响呈现区域异质性。东部青年人群对房价的长期负向影响可能说明了东部地区的房价与本地青年人群收入不协调，住房资源配置不均，部分城市房价虚高。此外，计量结果的不显著性反映出房价可能已背离了需求者的购买力。

但上述计量结果产生于中国经济转型的特定阶段，与经济转轨以来金融发展程度、社会福利制度、社会保障制度、城乡二元结构等多种因素相关。近年来，为缓解老龄化趋势，相关政策正不断调整，以生育政策为例，从取消生育间隔、双独二孩、单独二孩到十八届五中全会公报正式发布"全面二孩"政策，政策不断演进。鉴于此，考虑到人口政策变化的可能影响，我们利用面板误差修正模型的参数估计结果，对房价随人口结构转变的长期态势进行了外推预测。

由图9-1可见，尽管二胎政策并不会导致我国老龄化进程的逆转，但伴随老龄化的演进，其所导致的房价增长率将呈逐渐下降趋势，这意味着老年人口对房价的推动作用在不断弱化。因此，从长期看，老龄人群房产需求的支撑因素正在削弱。在"新常态"的背景下，改善性需求已经放缓；利率市场化与理财产品的快速发展，资本账户的逐渐开放拓展了居民投资渠道；同时，全国大部分城市房价增长已趋缓或持平，房价投资回报率随之下降。这些都使得房地产投资的吸引力相对下降，老龄人群对房价的拉动作用可能出现逆转。

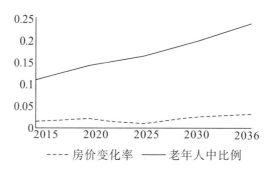

图 9-1　中国人口结构变化与房价变化的未来趋势

随着主力购房人群向青年人群的回归，人口结构变迁会否导致房价的长期下降，取决于城镇化进程中，刚需人群与购买力之间的矛盾能否得到有效解决。在城镇化速度放缓的大背景下，提高户籍人口城镇化率已成为"十三五"规划中城镇化的核心目标，其所带来的改革红利将成为影响人口老龄化与房价关系未来趋势的重要因素。随着农业转移人口的"市民化"，城镇住房市场的潜在需求将不断壮大。此外，"全面放开二胎"政策也会带来青年人群的改善性住房需求。但这些需求能否得到有效释放，关键仍在于购买力的支撑。

第二，人口老龄化对资产组合的影响。

影响未来老龄化社会的居民财富持有形式的因素众多，其包括了整体的经济增长、老龄人口规模、老人所得水平、未来老人生活物价水平，以及医保、社保等各种经济社会因素。从长期来看，老年人口消费偏好、风险规避程度及资产需求偏好的改变都将影响整个经济社会的产出，以及金融和房地产市场。然而，人们的财富并不以单一资产形式呈现，因此分析资产需求时需考虑不同资产间替代和互补的关系。

利用 SUR 模型，我们探讨了中国人口老龄化对股票、债券、货币和房地产需求的影响关系，结果发现，在我国，债券与货币二者互为替代，而股票持有量的增加将促进房地产的需求的增长，股票与房地产资产间具有互补关系；由此可见，投资者对于不同资产所做的投资决策，会受到不同资产间需求的交互影响，在讨论老龄化社会对资产市场的影响时，不宜将各类资产市场孤立地分开讨论。

此外，根据上述人口老龄化对房地产资产具有显著影响的结果，说明了人口年龄结构变化，对居民的资产组合具有一定的影响力。一方面，在老龄化社会中，随着投资者平均年龄增加，使整体风险规避程度提升，将对风险相对较低的资产产生较大的需求，从而增加房地产的需求；另一方面，由于我国现阶段投资渠道缺乏，股票市场风险较大，债券市场并不发达，而医保、社保等社会福利保障尚未完善，为预防退休后生活无虞，老龄人口可能考虑增加房地产资产投资，导致房地产资产需求上升。

人口老龄化对股票、债券等金融资产需求的影响还不明显。这一方面与我国金融市场的发达程度有关；另一方面，也可能与我国家庭养老的文化传统有关。在"家庭养老"的情况下，一个家庭中参与投资决策的往往是年轻人，所以老龄化的加剧对于股票、债券投资结构的影响还不明显。但是，随着我国社会保障以及医疗保障制度的完善，当老年人拥有独立赡养机制，老年人可能成为一个重要的投资群体，导致社会整体投资结构发生较大转变。

第三，人口老龄化对通货膨胀率与货币政策有效性的影响。

如前所述，人口老龄化会通过影响储蓄率等多种渠道对通货膨胀率产生影响。本书通过对中国省级面板数据的实证，结果显示人口老龄化会导致中国通货膨胀率下降，但其区域效应并不显著。

与此同时，众所周知，货币政策的最终目标之一即控制通货膨胀。人口老龄化对通货膨胀率的影响也意味着人口老龄化进程正在不断影响着货币政策的实施环境。因此，人口老龄化与货币政策有效性的关系成为我们讨论的另一个重点。国外研究早已关注人口老龄化对货币政策有效性的影响，但大部分研究都是针对发达国家的，而中国作为新兴市场国家在人口老龄化特点、货币制度、货币政策目标以及货币政策工具的选择上，都和发达国家都有着一定程度的区别。因此，人口老龄化对中国等新兴市场国家货币政策有效性的影响必然有所不同。有鉴于此，我们选取了包括中国在内的几个典型的新兴市场国家和地区为样本，实证了人口老龄化对货币政策有效性的影响。结果发现，人口老龄化也会降低新兴市场国家的货币政策效力，但作用的力度明显小于在发达国家的情况。

由此可见，首先，欧美经验具有世界意义。人口结构与货币政策传导的关系具有普遍性。根据生命周期假说，老年人与青年人在债权债务关系中的地位不同，这使得原本在年轻社会有效的传导途径可能不会在老龄社会产生相同效果。其次，影响效果存在国情特色的多样性。在不同发展阶段和制度背景下，由于各传导渠道地位和作用各异，人口结构与货币政策传导的关系必然呈现多样性。最后，要重视立足现实，把握规律。在科学研究人口结构对货币政策传导影响规律的基础上，重视规律作用的外部环境和约束条件，在现实和传统中找到老龄化背景下中国特有货币政策的模式。

9.2　政策建议

基于上述分析，提出政策建议如下：

第一，适应人口结构变化和城镇化发展进程，适时调整房地产行业发展战略。一是从调整住房供需结构出发，通过税收和金融等多种手段来提升中低收入人群的购买力，坚定不移地推动房产税改革来合理调节投资型需求者的购房需求；通过建立健全市场信息沟通共享、减低税费等手段提高二手房市场活力，使部分住房需求得以通过存量住房加以消化，尤其应避免房地产泡沫破裂引发房价的极速下跌。二是以统筹城乡发展的战略来引导城镇化建设向纵深迈进，逐步引导青壮年人群在地域间合理迁移，避免对部分区域的住房需求产生过度集中的压力。三是逐步降低房地产行业在经济发展中的比重，防止畸形房价对城市经济发展竞争力造成损害。

第二，加快发展各类资产市场，稳步推动金融创新。随着社会老龄化加剧，对流动性高且收益稳定资产的需求势必增加，资产偏好的单一化可能导致各类资产的交易市场，甚至产业的失衡，对宏观经济造成负面影响，损害经济发展。因此，应该不断培育良好的投资环境，抑制盲目跟风投资，提倡预防性的提前投资，创新各类养老理财产品，尽量减少人口老龄化对资产需求的负面影响。同时，进一步发展和完善各类资产市场，确保各类资产的流动性，适应不同年龄阶段人群的投资需求。

第三，大力发展老龄服务事业和产业。人口老龄化对金融稳定的影响既是长期积累形成的，又可能在某一年代发生突变和逆转。如果老龄服务事业和产业的发展跟不上老龄化进程，老龄化就可能产生对房地产市场、金融资产市场、通货膨胀等多渠道的负面影响，导致金融结构失衡，危及金融稳定与国家经济安全。因此，亟需加快建立以及完善社会养老体制，加快社会医疗保障的建设，保障老龄人口的晚年生活。同时，通过国外成熟经验的借鉴比较来指导推动我国养老产业的升级与延伸，为老龄化服务事业和产业的发展提供相应的政策支持。

第四，加强顶层设计，重视人口政策、社会保障制度的公平性和协调性。在老龄化背景下，金融系统稳定度的变化是一个长期演进的过程，涉及了人口政策、社会保障政策以及宏观调控政策的协调与配合，应增强系统性的战略优化对策设计。在人口政策与社会保障制度改革上，一方面，在"全面放开二胎"政策的基础上，应重点关注计划生育政策效应的区域差异，适时调整国家计划生育政策，重视宏观政策的结构性效应。既确保出生率保持在世代更替水平，维持人口年龄结构的稳定性；又须避免人口结构在区域间的失衡，导致房地产市场乃至国民经济的不均衡发展。另一方面，认识到迁移权与生育权都属于个人，政府应在市场和社会两个维度上，通过户籍制度改革、社保、医保改革等各种措施予以引导。

第五，做好人口老龄化背景下，中国金融体系稳定度可能迅速逆转以及由此对经济社会造成冲击的应急措施准备，增强宏观调控政策的前瞻性。一是强化对通货膨胀率、房地产和金融资产波动作出前瞻性的监测预警，使相关信息公开透明，便于社会公众、房地产企业与金融机构了解发展现状和风险隐患，并能做出合理预期。二是预见性地构建应对老龄化所导致金融不稳定的决策机制，在增强原有政策框架下的政策弹性和灵活性前提下，加快推进养老和医疗制度改革，引导人们合理配置家庭资产结构，防止房地产价格剧烈波动对国民经济的影响。

参考文献

[1] 保罗·舒尔茨. 人口结构和储蓄: 亚洲的经验证据及其对中国的意义 [J]. 经济学季刊, 2005, 4 (3): 991−1018.

[2] 柴时军, 王聪. 社会网络与农户民间放贷行为——基于中国家庭金融调查 的研究 [J]. 南方金融, 2015 (6): 33−41.

[3] 陈斌开, 李涛. 中国城镇居民家庭资产—负债现状与成因研究 [J]. 经济 研究, 2011 (S1): 55−66.

[4] 陈斌开, 徐帆, 谭力. 人口结构转变与中国住房需求: 1999~2025——基 于人口普查数据的微观实证研究 [J]. 金融研究, 2012 (1): 129−140.

[5] 陈斌开, 杨汝岱. 土地供给, 住房价格与中国城镇居民储蓄 [J]. 经济研 究, 2013 (1): 110−122.

[6] 陈国进, 李威, 周洁. 人口结构与房价关系研究——基于代际交叠模型和 我国省际面板的分析 [J]. 经济学家, 2013 (10): 40−47.

[7] 陈彦斌, 陈小亮. 人口老龄化对中国城镇住房需求的影响 [J]. 经济理论 与经济管理, 2013, 33 (5): 45−58.

[8] 陈彦斌, 郭豫媚, 姚一旻. 人口老龄化对中国高储蓄的影响 [J]. 金融研 究, 2014 (1): 71−84.

[9] 崔惠颖. 人口结构变化对中国资产价格的影响——理论分析与实证检验 [J]. 经济理论与经济管理, 2015, 35 (10): 35−45.

[10] 董斌、李琼. 工资水平、人口结构与资产价格泡沫 [J]. 华东理工大学 学报, 2014, 29 (4): 50−61.

[11] 甘犁, 尹志超, 贾男, 等. 中国家庭资产状况及住房需求分析 [J]. 金 融研究, 2013 (4): 1−14.

[12] 胡翠, 许召元. 人口老龄化对储蓄率影响的实证研究——来自中国家庭 的数据 [J]. 经济学 (季刊), 2014, 13 (3): 1345−1364.

[13] 况伟大. 中国住房市场存在泡沫吗 [J]. 世界经济, 2009 (12): 3−13.

[14] 李超，倪鹏飞，万海远. 中国住房需求持续高涨之谜：基于人口结构视角 [J]. 经济研究，2015 (5)：118−133.

[15] 李永友. 房价上涨的需求驱动和涟漪效应——兼论我国房价问题的应对策略 [J]. 经济学（季刊），2014, 13 (1)：443−464.

[16] 史代敏，宋艳. 居民家庭金融资产选择的实证研究 [J]. 统计研究，2005，22 (10)：43−47.

[17] 史青青，费方域，朱微亮. 人口红利与房地产收益率的无关性 [J]. 经济学季刊，2010 (1)：271−290.

[18] 汪伟. 人口老龄化、养老保险制度变革与中国经济增长——理论分析与数值模拟 [J]. 金融研究，2012 (10)：29−45.

[19] 汪伟，艾春荣. 人口老龄化与中国储蓄率的动态演化 [J]. 管理世界，2015 (6)：47−62.

[20] 王弟海，管文杰，赵占波. 土地和住房供给对房价变动和经济增长的影响——兼论我国房价居高不下持续上涨的原因 [J]. 金融研究，2015 (1)：50−67.

[21] 吴卫星，齐天翔. 流动性、生命周期与投资组合相异性 [J]. 经济研究，2007 (2)：97−110.

[22] 吴义根，贾洪文. 我国人口老龄化与金融资产需求结构的相关性分析 [J]. 西北人口，2012, 33 (2)：125−129.

[23] 徐建炜，徐奇渊，何帆. 房价上涨背后的人口结构因素：国际经验与中国证据 [J]. 世界经济，2012 (1)：24−42.

[24] 杨华磊. 人口世代更迭对储蓄、房地产及其他资产的影响机制 [J]. 南方金融，2015 (10)：37−44.

[25] 袁志刚，宋铮. 人口年龄结构，养老保险制度与最优储蓄率 [J]. 经济研究，2000 (11)：24−32.

[26] 赵建. 人口老龄化会导致资产价格步入下跌通道吗 [J]. 证券市场导报，2012 (3)：64−70.

[27] 赵文哲，董丽霞. 人口结构，储蓄与经济增长——基于跨国面板向量自回归方法的研究 [J]. 国际金融研究，2013 (9)：29−42.

[28] 邹至庄，牛霖琳. 中国城镇居民住房的需求与供给 [J]. 金融研究，2010 (1)：1−11.

[29] Abel A B. The Effects of Investing Social Security Funds in the Stock Market When Fixed Costs Prevent Some Households from Holding

Stocks [J]. American Economic Review, 2001, 91 (91): 128－148.

[30] Ang A, Maddaloni A. Do Demographic Changes Affect Risk Premiums? Evidence from International Data [J]. Social Science Electronic Publishing, 2003, 78 (1): 341－380.

[31] Arellano M, Bond S. Some tests of specification for panel data: Monte Carlo evidence and an application to employment equations [J]. The review of economic studies, 1991, 58 (2): 277－297.

[32] Arnott, Robert D, Denis BChaves. Demographic changes, financial markets, and the economy [J]. Financial Analysts Journal, 2012, 68 (1): 23－46.

[33] Avery R B, Elliehausen G E, Gustafson T A. Pensions and social security in household portfolios: evidence from the 1983 Survey of Consumer Finances [R]. Board of Governors of the Federal Reserve System (US), 1985.

[34] Bakshi G S, Chen Z. Baby boom, population aging, and capital markets [J]. Journal of Business, 1994, 67 (2): 165－202.

[35] Bernanke B S, Gertler M. Should central banks respond to movements in asset prices? [J]. The American Economic Review, 2001, 91 (2): 253－257.

[36] Bernanke B, Gertler M. Agency costs, net worth, and business fluctuations [J]. The American Economic Review, 1989, 79 (1): 14－31.

[37] Blommestein H J. Institutional Investors, Pension Reform, and Emerging Securities Markets [J]. Ssrn Electronic Journal, 1997, 109 (4094): 57－67.

[38] Blundell R, Bond S. GMM estimation with persistent panel data: an application to production functions [J]. Econometric reviews, 2000, 19 (3): 321－340.

[39] Bodie Z, Crane D B. The design and production of new retirement savings products [J]. Journal of Portfolio Management, 2009, 25 (2).

[40] Boersch-Supan A H, Winter J K. Population aging, savings behavior and capital markets [R]. National bureau of economic research, 2001.

[41] Boersch−Supan A, Heiss F, Ludwig A, et al. Pension reform, capital markets and the rate of return [J]. German Economic Review, 2003, 4 (2): 151−181.

[42] Boersch−Supan A, Ludwig A, Winter J. Ageing, Pension Reform and Capital Flows: A Multi−Country Simulation Model [J]. Economica, 2006, 73 (292): 625−658.

[43] Borio C E V, English W B, Filardo A J. A tale of two perspectives: old or new challenges for monetary policy? [J]. Ssrn Electronic Journal, 2003, 68 (3): 1−59.

[44] Brooks R. Asset−market effects of the baby boom and social−security reform [J]. The American Economic Review, 2002, 92 (2): 402−406.

[45] Brown, Stephen J, Crocker H. A global perspective on real estate cycles [M]. New York: Springer US, 2001.

[46] Buiter W H. Time preference and international lending and borrowing in an overlapping−generations model [J]. Journal of Political Economy, 1981, 89 (4): 769−797.

[47] Cameron G, Muellbauer J, Murphy A. Was There a British House Price Bubble?: Evidence from a Regional Panel [M]. London: Centre for Economic Policy Research, 2006.

[48] Cecchetti S G. Distinguishing theories of the monetary transmission mechanism [J]. Review−Federal Reserve Bank of Saint Louis, 1995, 77 (5): 83−83.

[49] Chamon M D, Prasad E S. Why are saving rates of urban households in China rising? [J]. American Economic Journal: Macroeconomics, 2010, 2 (1): 93−130.

[50] Chan−Lau J A. Pension funds and emerging markets [M]. Washington: International Monetary Fund, 2004.

[51] Chow C K. An optimum character recognition system using decision functions [J]. Electronic Computers, IRE Transactions on, 1957 (4): 247−254.

[52] Constantinides G M, Donaldson J B, Mehra R. Junior must pay: Pricing the implicit put in privatizing social security [J]. Annals of Finance, 2005, 1 (1): 1−34.

[53] Darby, M R. Social security and private saving: Another look [J]. Social Security Bulletin, 1979, 42 (5): 33.

[54] Davis E P, Steil B. Institutional investors [M]. Massachusetts: MIT press, 2004.

[55] Davis E P. Pension funds: retirement — income security and capital markets: an international perspective [J]. OUP Catalogue, 2011, 8 (2): e64596—e64596.

[56] Demirgü—Kunt A. Financial structure and economic growth: A cross—country comparison of banks, markets, and development [M]. Massachusetts: MIT press, 2004.

[57] Diamond P, Geanakoplos J. Social security investment in equities I: Linear case [R]. National Bureau of Economic Research, 1999.

[58] Domeij D, Floden M. Population aging and international capital flows [J]. International Economic Review, 2006, 47 (3): 1013—1032.

[59] Eichholtz P, Lindenthal T. Demographics, human capital, and the demand for housing [J]. Journal of Housing Economics, 2014, 26: 19—32.

[60] Engelhardt G V, Poterba J M. House prices and demographic change: Canadian evidence [J]. Regional Science and Urban Economics, 1991, 21 (4): 539—546.

[61] Erb C B, Harvey C R, Viskanta T E. Demographics and international investments [J]. Financial Analysts Journal, 1997, 53 (4): 14—28.

[62] Erceg C J, Henderson D W, Levin A T. Optimal monetary policy with staggered wage and price contracts [J]. Journal of monetary Economics, 2000, 46 (2): 281—313.

[63] Evans P. Consumer behavior in the United States: implications for social security reform [J]. Economic inquiry, 2001, 39 (4): 568—582.

[64] Faruqee H. Population aging and its macroeconomic implications: A framework for analysis [M]. Washington: International Monetary Fund, 2002.

[65] Feldstein M S. The effect of social security on saving [J]. Geneva Papers on Risk & Insurance, 1980, 5 (1): 4—17.

[66] Feldstein M. Rethinking social insurance [R]. National Bureau of

Economic Research, 2005.

[67] Feldstein M. Social security, induced retirement, and aggregate capital accumulation [J]. Journal of political economy, 1974, 82 (5): 905-926.

[68] Fernandez-Villaverde J, Krueger D. Consumption and saving over the life cycle: How important are consumer durables? [J]. Macroeconomic dynamics, 2011, 15 (5): 725-770.

[69] Flavin M A. The adjustment of consumption to changing expectations about future income [J]. The Journal of Political Economy, 1981, 89 (5): 974-1009.

[70] Geanakoplos J, Magill M, Quinzii M. Demography and the long-run predictability of the stock market [J]. Brookings Papers on Economic Activity, 2004 (1): 241-325.

[71] Goodhart C. What weight should be given to asset prices in the measurement of inflation? [J]. Economic Journal, 2001 (472): F335-F356.

[72] Goyal A. Demographics, stock market flows, and stock returns [J]. Journal of Financial and Quantitative Analysis, 2004, 39 (1): 115-142.

[73] Holzmann R. Pension reform, financial market development, and economic growth: preliminary evidence from Chile [J]. Staff Papers, 1997, 44 (2): 149-178.

[74] Im K S, Pesaran M H, Shin Y. Testing for unit roots in heterogeneous panels [J]. Journal of econometrics, 2003, 115 (1): 53-74.

[75] Karry A. House hold Saving in Chain [J]. The World BanK Economic Review, 2000 (3): 545-570.

[76] Kelley A C, Schmidt R M. Saving, dependency and development [J]. Journal of Population Economics, 1996, 9 (4): 365-386.

[77] King S R. Monetary transmission: Through bank loans or bank liabilities? [J]. Journal of Money, Credit and Banking, 1986, 18 (3): 290-303.

[78] Kotlikoff L J. Simulating the privatization of social security in general equilibrium [M]. Chicago: University of Chicago Press, 1998: 265-311.

[79] Kotlikoff L J. Testing the theory of social security and life cycle

accumulation [J]. The American Economic Review, 1979, 69 (3): 396—410.

[80] Kotlikoff L J. The AK Model: Its Past, Present, and Future [M]. Cambridge: National Bureau of Economic Research, 1998.

[81] Kraay A. Household saving in China [J]. The World Bank Economic Review, 2000, 14 (3): 545—570.

[82] La Porta, Lopez—de—Silane F, Shleifer A, et al. Law and finance [R]. National Bureau of Economic Research, 1996.

[83] Levin A, Lin C F, James Chu C S. Unit root tests in panel data: asymptotic and finite—sample properties [J]. Journal of econometrics, 2002, 108 (1): 1—24.

[84] Levine R, Zervos S. Stock markets, banks, and economic growth [J]. American economic review, 1998, 88 (3): 537—558.

[85] Levine R. Law, finance, and economic growth [J]. Journal of financial Intermediation, 1999, 8 (1): 8—35.

[86] Levine R. The legal environment, banks, and long—run economic growth [J]. Journal of money, credit and banking, 1998, 30 (3): 596—613.

[87] Li H, Zhang J, Zhang J. Effects of longevity and dependency rates on saving and growth: Evidence from a panel of cross countries [J]. Journal of Development Economics, 2007, 84 (1): 138—154.

[88] Lim K M, Weil D N. The Baby Boom and the Stock Market Boom [J]. The Scandinavian Journal of Economics, 2003, 105 (3): 359—378.

[89] Lindh T, Malmberg B. Demography and housing demand—what can we learn from residential construction data? [J]. Journal of Population Economics, 2008, 21 (3): 521—539.

[90] Ludvigson S, Steindel C, Lettau M. Monetary policy transmission through the consumption—wealth channel [J]. FRBNY Economic Policy Review, 2002 (5): 117—133.

[91] MaCurdy T E, Shoven J B. Stocks, bonds, and pension wealth [M]. Chiago: University of Chicago Press, 1992: 61—78.

[92] Mankiw N G, Reis R. What measure of inflation should a central bank target? [J]. Journal of the European Economic Association, 2003, 1

(5): 1058−1086.

[93] Mankiw N G, Weil D N. The baby boom, the baby bust, and the housing market [J]. Regional Science and Urban Economics, 1989, 19 (2): 235−258.

[94] McCarthy J, Peach R W. Monetary policy transmission to residential investment [J]. Federal Reserve Bank of New York Economic Policy Review, 2002, 8 (1): 139−158.

[95] Meen G P. The removal of mortgage market constraints and the implications for econometric modelling of UK house prices [J]. Oxford Bulletin of Economics and Statistics, 1990, 52 (1): 1−23.

[96] Miles D. Modelling the impact of demographic change upon the economy [J]. The Economic Journal, 1999, 109 (452): 1−36.

[97] Miles D. Should monetary policy be different in a greyer world? [M]. Berlin: Springer Berlin Heidelberg, 2002: 243−276.

[98] Mitchell O S. Developments in decumulation: The role of annuity products in financing retirement [M]. Berlin: Springer Berlin Heidelberg, 2002.

[99] Modigliani F, Cao S L. The Chinese saving puzzle and the life − cycle hypothesis [J]. Journal of economic literature, 2004, 42 (1): 145−170.

[100] Muralidhar A S. Innovations in Pension Fund Management [M]. San Francisco: Stanford University Press, 2001.

[101] Oshio T. Social security and trust fund management [J]. Journal of the Japanese and international economies, 2004, 18 (4): 528−550.

[102] Park, Cheolbeom, Jina Yu. Life − Cycle Income Hypothesis and Demographic Structure: A Semi−Nonparametric Analysis Using a Panel of Countries [J]. The Singapore Economic Review, 2013, 58 (1).

[103] Piazzesi M, Schneider M, Tuzel S. Housing, consumption and asset pricing [J]. Journal of Financial Economics, 2007, 83 (3): 531−569.

[104] Poirson M H. Financial market implications of India's pension reform [M]. Washington: International Monetary Fund, 2007.

[105] Poterba J M, Rauh J, Venti S, et al. Lifecycle asset allocation strategies and the distribution of 401 (k) retirement wealth [R]. National Bureau of Economic Research, 2006.

[106] Poterba J M, Venti S F, Wise D A. New estimates of the future path of 401

(k) assets [M]. Chicago: University of Chicago Press，2008：43—80.

[107] Poterba J M，Venti S F，Wise D A. The decline of defined benefit retirement plans and asset flows [M]. Chicago: University of Chicago Press，2009：333—379.

[108] Poterba J M，Venti S F. 401 (k) plans and tax—deferred saving [M]. Chicago: University of Chicago Press，1994：105—142.

[109] Poterba J M，Venti S F. The transition to personal accounts and increasing retirement wealth：Macro — and Microevidence [M]. Chicago: University of Chicago Press，2004：17—80.

[110] Poterba J M，Weil D N，Shiller R. House price dynamics：The role of tax policy and demography [J]. Brookings Papers on Economic Activity，1991 (2)：143—203.

[111] Poterba J M. Demographic structure and asset returns [J]. Review of Economics and Statistics，2001，83 (4)：565—584.

[112] Poterba J，Venti S，Wise D. Demographic change，retirement saving，and financial market returns：Part 1 [R]. National Bureau of Economic Research，2005.

[113] Ralfe J，Speed C，Palin J. Pensions and Capital Structure：Why Hold Equities in the Pension Fund？ [J]. North American Actuarial Journal，2004，8 (3)：103—113.

[114] Ram R. Dependency rates and aggregate savings：a new international cross—section study [J]. The American Economic Review，1982，72 (3)：537—544.

[115] Ramsey F P. A Contribution to the Theory of Taxation [J]. The Economic Journal，1927，37 (145)：47—61.

[116] Roldos M J. Pension reform，investment restrictions and capital markets [M]. Washington: International Monetary Fund，2004.

[117] Roy A，S Punhan，et al. How demographics affect asset prices [J]. Research Analysts (credit Suisse)，2012 (2).

[118] Schieber S J，Shoven J B. Public policy toward pensions [M]. Cambridge: MIT Press，1997.

[119] Stefanescu I. Capital structure decisions and corporate pension plans [M]. North Carolina: University of North Carolina at Chapel Hill，2000.

[120] Stevenson S. Modeling housing market fundamentals: Empirical evidence of extreme market conditions [J]. Real Estate Economics, 2008, 36 (1): 1—29.

[121] Swensen D F. Pioneering portfolio management: An unconventional approach to institutional investment, fully revised and updated [M]. New York: Simon and Schuster, 2009.

[122] Taylor J B. The monetary transmission mechanism: an empirical framework [J]. The Journal of Economic Perspectives, 1995, 9 (4): 11—26.

[123] Venti S F, Wise D A. Aging and housing equity: Another look [M]. Chicago: University of Chicago Press, 2004: 127—180.

[124] Venti S F, Wise D A. Aging and the income value of housing wealth [J]. Journal of Public Economics, 1991, 44 (3): 371—397.

[125] Venti S F, Wise D A. But they don't want to reduce housing equity [M]. Chicago: University of Chicago Press, 1990: 13—32.

[126] Walker E, Lefort F. Pension reform and capital markets: are there any (hard) links? [J]. Social Science Electronic Publishing, 2000, 5 (2): 77—149.

[127] Westerlund J. Testing for error correction in panel data [J]. Oxford Bulletin of Economics and Statistics, 2007, 69 (6): 709—748.

[128] Yao R, Zhang H H. Optimal consumption and portfolio choices with risky housing and borrowing constraints [J]. Review of Financial studies, 2005, 18 (1): 197—239.

[129] Yasin J. Demographic Structure and Private Savings: Some Evidence from Emerging Markets [J]. African Review of Money Finance and Banking, 2008 (32): 7—21.

[130] Yermo J. The contribution of pension funds to capital market development in Chile [J]. trabajo presentado en la, 2005 (10): 28—29.

后　记

　　老龄化早已成为全球社会经济发展面临的重大挑战。老龄化环境使得各国的宏观经济金融环境发生了深刻变化，金融体系也面临诸多新挑战。老龄化与金融稳定的关系已日益引起学界的关注。老龄化对金融稳定的影响，是一个极其重要而又十分复杂的问题。言其重要，是因为对二者关系的认知，可能改变经济金融政策分析面临的约束条件，为分析和评价经济金融政策提供崭新视角，提醒政策当局在设计和执行经济金融政策时必须重视人口结构的影响。道其复杂，是因为金融系统涵盖多个层次，涉及多种宏观经济变量，老龄化对金融系统稳定的影响受到诸多因素的共同作用，也与经济发展阶段与制度因素紧密相关，对影响机制的识别十分关键。但或许正因为其所存在的挑战性，才引起了我们思考的兴趣。本书所呈现的正是我们对这一问题的点滴思考。

　　本书是完成教育部"人口老龄化对资产价格的影响研究：基于中国市场的实证"课题中的一些探索。在此要特别感谢各位师长、同事、朋友所给予的无私的支持，感谢课题组全体成员的共同努力。本书的完成，凝聚着李婧、张静娴、娄著盛、卜敏慧、何彦磊、饶志琳、陈岚、杨清、吴璠等同学的辛勤劳动，在此一并表示衷心感谢。此外，还要感谢四川大学出版社编辑的悉心编审。

　　当然，限于个人的能力、视角和精力，我们的研究还存在问题和许多不足，在很多方面都还需要进行更精细化的探索。我们所做的努力，在学术的海洋中，不过是小小浪花。老龄化给予金融体系的结构型变化，尚待学界同仁不断探索。我们也真诚地期待各位专家学者的批评与斧正。